DER KLEINE MINIMALIST

Joachim Klöckner

DER KLEINE MINIMALIST

Praktische Erfahrungen
für ein befreites,
glückliches Leben

SALZBURG – MÜNCHEN

1. Auflage
© 2018 Ecowin Verlag bei Benevento Publishing,
eine Marke der Red Bull Media House GmbH,
Wals bei Salzburg

Gesetzt aus der Minion Pro, Gill Sans

Medieninhaber, Verleger und Herausgeber:
Red Bull Media House GmbH
Oberst-Lepperdinger-Straße 11–15
5071 Wals bei Salzburg, Österreich

Lektorat: Martina Paischer
Satz: MEDIA DESIGN: RIZNER.AT
Umschlaggestaltung: b3K design, Andrea Schneider, diceindustries
Printed in Slovakia
ISBN 978-3-7110-0150-4

Inhalt

Willkommen in einer Welt
des Wohlfühlens!

Wenn Menschen mit mir sprechen, fällt in der Regel spätestens im dritten oder vierten Satz eine Zahl. Es ist die Zahl 50. Bisweilen kommt es mir so vor, als wenn manch einer meiner Gesprächspartner gar nicht meine Person vor sich sieht, sondern nur diese Zahl, die seit dem Erscheinen einiger Medienberichte im Zusammenhang mit mir kursiert. Mich macht das stets neugierig darauf, wie dieser Mensch sich selbst sieht.

50 Dinge, so heißt es, seien es nur noch, mit denen ich mich umgebe. Diese 50 scheint magisch zu sein, und obwohl ich sie eigentlich nicht mag und außerdem für mich selbst gar nicht brauche, macht sie doch offenbar viele Menschen erst neugierig, worum es bei mir geht.

Für mich persönlich spielt die Anzahl der Dinge indes gar keine Rolle. Vielleicht sind es 50, vielleicht aber auch 55 oder sogar nur noch 48? Ich weiß es nicht und zähle eigentlich immer nur für Interviews mal wieder. Hinterher muss ich jedes Mal über mich selbst lächeln, denn ich schaue vielmehr darauf, ob ich Dinge noch brauche oder nicht. Das hat einen Sinn, der mit dem, was ich in diesem Buch berichten möchte, viel mehr zu tun hat als die absolute Zahl der Dinge, die ich besitze. Konkret orientiere ich mich an folgender Idee: Alles, was ich ein Jahr lang nicht gebraucht habe, kann aussortiert werden. Da die Zahl jedoch so präsent ist und ich immer wieder danach gefragt werde, will ich gleich hier an den Anfang eine Liste der materiellen Dinge stellen, die tatsächlich derzeit noch mein Leben begleiten. Diese gilt in dem Moment, in dem ich das Manuskript für dieses Buch abgebe. In dem Moment, in dem du das fertige Buch in Händen hältst, ist sie vielleicht schon wieder überholt:

- Rucksack in Handgepäckgröße, eine Bauchtasche
- Kleidung: Regencape, Poncho aus einer Fleecedecke, zwei Overalls, einer mit kurzen Armen und Beinen, zwei T-Shirts, zwei Unterhosen, fünf Paar Socken, Schal, ein Paar Schuhe, ein Paar Flip-Flops

- Pflege: Tasche dafür, Zahnbürste, Zahn-
  stocher, Natronpulver, Nagelschere, Haar-
  schere, Handtuch, Papiertaschentücher,
  Pflaster, Aspirin
- Technik: iPad, iPhone, Apple Watch, drei
  Ladekabel, zwei Netzteile, Ohrhörer, Brille,
  Nadel und Faden, Sicherheitsnadel
- Essen: Müslischale faltbar, Löffel-Gabel-
  Kombination
- Sonstiges: eine A5-Hülle, circa zehn Be-
  scheide und Garantiequittungen, Hülle
  für Karten und Scheine, Einkaufsbeutel,
  vier Karten: Ausweis, Bank, Krankenver-
  sicherung, Führerschein

Mehr nicht? Mehr nicht!

Würde ich mich ernsthaft um die genaue Zahl
der Dinge kümmern, hätte ich meine eigene
Botschaft nicht verstanden. Zählen macht eng,
es fixiert den Geist auf das Erreichen und
dann das Unter- oder Überschreiten eines bestimmten Wertes. Ich jedoch finde ein offenes
Denken viel wichtiger und besser und möchte
dir als Leser davon erzählen. Denn vielleicht
empfindest auch du bisweilen eine Enge und

kannst mit meinen Gedankenanregungen einige Schritte aus ihr herausmachen. Auch der für dieses Buch titelgebende Begriff des Minimalisten wird mir mittlerweile zu eng. Das hängt damit zusammen, dass ich »Ismen« generell kritisch gegenüberstehe. Ismen bezeichnen in der Regel die festgeschriebene Vorstellung eines bestimmten Grundgedankens, sie schränken mich ein, machen also ebenfalls eng. Wenn überhaupt bin ich eigentlich eher ein Maximalist. Denn mir geht es um maximale Weite statt Enge. Weite des Geistes, Freiheit des Denkens, Entfaltung des Potenzials, das in jedem Menschen steckt. Dennoch kann der Begriff des Minimalismus einstweilen als gedankliches Hilfskonstrukt dienen, um zu zeigen, worum es mir geht: das Abwerfen eines Ballastes, der meine freie Selbstentfaltung behindert.

Mir ist es gelungen, mehr und mehr Ballast abzuwerfen und damit auch die materielle Belastung, die mich umgibt, abzubauen. Ich gewann unglaublich viel für mein tägliches Leben, und auch mein Umfeld gewinnt mit, weil wir zusammen immer wieder Neues schaffen können.

Diese Vorstellung, dass zwei Seiten von einer Sache profitieren, nennt man heute gemeinhin Win-win-Situation. Daran angelehnt habe ich »WinWinWin« entdeckt, eine Lebenseinstellung, die aus drei Dingen besteht: Selbstsein, Verbundensein und Kooperieren. Zu diesen drei Dingen bin ich über die minimalistische Lebensweise gekommen – sie beschreiben, wie ich mein Leben leben möchte. Ich bin ich selbst, ich bin mit anderen Menschen verbunden, und ich kooperiere mit anderen. Und all das immer mehr.

Was Menschen in Begegnungen mit mir häufig zuallererst auffällt, sind also die wenigen Dinge, die ich noch mein Eigen nenne. Dann jedoch bemerken die meisten recht schnell, wie viel Leichtigkeit und Freude ich dabei empfinde. Seit drei Jahrzehnten lebe ich nur noch mit wirklich Wesentlichem. Alles Materielle passt heute ins Handgepäck. Das Mehr an Zeit, Energie, Raum und das Wohlfühlen dabei ermöglichen mir ein Leben im Selbstsein, im Verbundensein und mit viel Energie für das Kooperieren. Damit bin ich glücklich und genieße diese befreite Lebensform.

In meinen Gesprächen und Workshops ist hinter den Fragen der Teilnehmer der tiefe Wunsch nach ihrem Glück zu spüren, eine echte Sehnsucht nach Wohlfühlen und Leichtigkeit. Auf den nachfolgenden Seiten zeige ich unter anderem, wie unser Organismus dies unterstützt, besser noch: wie er uns dazu einlädt. Jeder kann so erkennen, wie er sich den Raum, die Energie und die Zeit dafür kreieren und das eigene Glück gestalten kann.

Also, lieber Leser, sei willkommen, genieße dieses Buch! Ich bitte dich, beim Lesen innezuhalten, zu spüren und auftauchende Gedanken, Gefühle und Wünsche zu notieren. Ich möchte dir so einen Vorgeschmack auf dein neues Wohlfühlen ermöglichen. Dazu schreibe ich von mir, von meinem Glück und von meinen Erfahrungen in drei Lebensabschnitten, ergänzt um ganz aktuelle Erkenntnisse. Ich zeige, wie wir mit der Komplexität des Lebens besser umgehen können. Viele Fragen, die mir immer wieder begegnen, sollen mit diesem Buch beantwortet werden, damit du deinen eigenen, vielleicht ebenfalls minimalistischen Weg finden kannst. Dieses Buch soll eine Einladung an dich sein, den Kern des Minimalismus zu erkennen, den ich mit folgenden Worten umschreiben möchte:

Wenn du eine Aufgabe richtig gut machen willst, dann gelingt das am besten, wenn du alles wegräumst, was dich stört, und dich mit dem umgibst, was dir guttut. Wenn du dir das klargemacht hast, mach dir noch etwas klar: Die wichtigste Aufgabe, für die du dich entscheiden kannst, ist dein Leben. Die Einladung an dich lautet also, dein Leben selbst zu gestalten, dich mit anderen Menschen auszutauschen, zu kooperieren und zu vernetzen. Es braucht nur das Wissen, wer du bist. Denn es gibt aus meiner Sicht nichts Schöneres auf der Welt als Menschen, die wissen, wer sie sind, und dann sagen, was sie möchten.

Die wichtigste Aufgabe in meinem Leben? Mein Leben!

Heute, fast 30 Jahre nachdem ich begann, mein Leben zu verändern, ist Minimalismus fast schon ein Trend. Berichte und Sendungen entstehen dazu. Ich erinnere mich etwa an eine Sendung auf 3sat mit dem Titel »Weniger ist mehr«. Dort konnte ich mich einfach so, wie ich lebe, präsentieren und dem Zuschauer einen Eindruck davon vermitteln, was für mich Minimalismus bedeutet und wie er mir im Leben hilft.

Welchen Eindruck solche Sendungen machen, merkte ich zwei Jahre nach der Erstausstrahlung. Ein Mann schrieb mir: »Als ich dich dort gesehen habe, wog ich 200 Kilogramm. Heute sind es noch 100 und es werden noch weniger. Danke für deinen Impuls.«

Ein anderes Mal ging ich an einer Straße entlang, als plötzlich ein Auto neben mir hielt. Das Fenster ging runter, und der Fahrer stellte mir wie aus dem Nichts eine Frage: »Sind Sie der aus dem Film mit dem Minimalismus?« – »Ich rede seit zwei Tagen mit meiner Frau nur noch über Sie«, fuhr er fort, »wir haben viel zu viele Dinge und brauchen Tipps.« Wir verabredeten uns zu einem Cappuccino und tauschten uns aus.

Dann war da die junge, attraktive Frau, die in der U-Bahn freudestrahlend auf mich zukam. Ich war total verlegen, vermutete ich doch, sie von irgendwoher kennen zu müssen, konnte mich jedoch überhaupt nicht an sie erinnern. Dann jedoch war ich sehr erleichtert, denn sie sagte mir einfach nur Danke. Danke für die Impulse aus dem Film.

Und schließlich: der Marktplatz einer schwäbischen Kleinstadt, es war bereits kurz vor Mitternacht. Ein junger Mann sprach mich an, mein Beitrag habe ihn beeindruckt. Zuerst dachte ich, er meine den Vortrag, den ich an jenem Abend im Kulturforum gehalten hatte. Doch davon wusste er nichts, auch er bezog sich auf die 3sat-Sendung.

Solche Erlebnisse zeigen mir immer wieder auch, dass es sich beim Minimalismus nicht nur um irgendeine Laune handelt, sondern um eine Haltung, die mich und zunehmend auch andere Menschen im Leben voranbringt.

Minimalismus ist für mich: die Entscheidung, dass mein Leben die wichtigste Aufgabe in meinem Leben ist. Ich umgebe mich mit dem, was mir guttut, und räume alles weg, was dabei stört.

Als Minimalist wirst du nicht geboren. Aber es lohnt sich, dein Leben minimalistisch zu gestalten

Ich schaue nach Möglichkeit nur nach vorn. Lasse das Vergangene dort, wo es ist, denn es wird mir im Hier und Jetzt nicht weiterhelfen, sondern im Zweifelsfall meinen Geist nur wieder enger machen. Trotzdem möchte ich auch einen kleinen Ausflug in meine Vergangenheit machen, weil ein kurzer Blick auf meine Biografie noch deutlicher macht, wie alles wurde, was es ist. Denn auch ich wurde nicht als Minimalist geboren, sondern gelangte durch verschiedene Phasen meines Lebens dorthin.

Obwohl Zahlen für mich an sich bedeutungslos sind, ist auffällig, dass es sowohl in der Geschichte als auch in der Natur sehr häufig um genau drei Begriffe geht, mit denen eine gemeinsame Qualität an sich im Grunde hinreichend beschrieben ist. Um zu verstehen, was ich meine, hier ein paar Beispiele, denen sich mühelos einige mehr hinzufügen ließen:

Dalai Lama: Liebe, Zuneigung, Güte
Französische Revolution: Freiheit,
    Gleichheit, Brüderlichkeit
Demokratie: Freiheit, Gleichheit, Konsens
Kant: Freiheit, Würde, Vernunft
Urchristentum früh: Vater, Sohn, Geist

Letztlich ist auch mein »WinWinWin« auf der Erfahrung aufgebaut, dass es dreierlei bedarf, um ein glückliches Leben zu führen. In diesem Falle eben: Selbstsein, Verbundensein, Kooperieren. Gerade der Begriff des Selbstseins erfordert es geradezu, an dieser Stelle einen Schritt in die Vergangenheit zu machen. Denn wie definiere ich »Selbst« für mich, wie verwende ich es?

Das Selbst setzt sich aus den eng verwobenen Komponenten Erbe, Lebenserfahrungen und Vorstellungen zusammen. Erfahrungen entstehen ab der fünften Schwangerschaftswoche, und zusammen mit den Vorstellungen verändern sie sich lebenslang. Damit entsteht ein Bild: von mir, von der Welt und wie ich in dieser Welt bin. Auch unser Erbe besteht nur aus Möglichkeiten, von denen nie alle aktiv sind, und sie befähigen uns, in unterschiedlichen Lebensbedingungen ein in Millionen Jahren erprobtes Verhalten zu aktivieren.

Im Leben entstehen dann auf zwei Wegen Unterschiede zwischen Außen und Selbst: Du nimmst im Äußeren etwas wahr, das diesen Unterschied zu deinem Selbst macht, und reagierst darauf. Das kann eine Anweisung sein oder ein Ereignis, wie beispielsweise eine Gefahr. Oder du folgst deiner Neugier: Sie zeigt Neues als einen Unterschied zu dem, was du schon kennst.

Jetzt wechselwirken diese Unterschiede, indem du handelst. Letztlich, damit der Unterschied sich verändert und dein Selbst an Erfahrung reicher wird. Die Richtung dabei ist der Ausgleich der Unterschiede, was zur Falle für viele Menschen wird, wenn sie *Richtung* mit *Ziel* verwechseln und ihren Teil des Unterschiedes als richtig verteidigen oder zur Harmoniesucht neigen. Doch Unterschiede sind Lebendigkeit und ermöglichen über den Ausgleich hinaus Neues.

Der Antrieb für das Reagieren auf Unterschiede von außen ist Adrenalin. Nach Erledigung entsteht Noradrenalin, um Adrenalin abzubauen und ein wohltuendes Erfolgsgefühl zu erzeugen. Die Antriebe für das Agieren hingegen sind Dopamin, Oxytocin und Serotonin. Ich nenne diese drei »Wohlfühlstoffe«. Doch dazu später mehr.

Mein erstes Leben

Wenn ich also auf meine Vergangenheit schaue, so erkenne ich drei verschiedene Leben, die mich zu dem glücklichen Menschen gemacht haben, der ich bin. Die ersten beiden waren wichtig, um beim heutigen dritten ankommen zu können.

Das erste Leben umfasst die ersten drei Jahrzehnte von meiner Geburt an. Ich nenne diese Phase »Sohn sein«. Diese Bezeichnung hat durchaus einen übergeordneten Sinn, denn der Begriff Sohn repräsentiert hier auch eine Phase der Abhängigkeiten, die dem für mich so wichtigen Selbstsein als Bestandteil des »WinWinWin« voranging.

Es gab in diesem ersten Leben als Sohn sehr viele Umzüge innerhalb Deutschlands, bevor dann ein Haus in einem Dorf in Nordhessen gebaut wurde. Ich war fortan Fahrschüler, um in die nahe gelegene Kleinstadt zu gelangen. Immerhin zehn Kilometer legten wir zur Schule zurück, zunächst per Bahn mit Dampflok, im Sommer mit dem Rad und später verbotenerweise meist per Anhalter. Meine Schulzeit endete mit der mittleren Reife an einer Realschule.

Wenn ich an meinen Weg zum Selbstsein in Verbindung mit meiner Schulzeit denke, kommt mir vor allem ein Wort in den Sinn: Legasthenie.

Ich hatte in Physik eine Eins, in Algebra jedoch eine Fünf. Gute Noten neben Physik auch in Biologie, Geometrie, Werken und beim Aufsatzschreiben. Fünfen hagelte es dagegen in Rechtschreibung, Geschichte, Englisch und eben auch Algebra. Wenn ich hier wieder einmal versagt, gleichzeitig aber eine gute Physiknote geschrieben hatte, schüttelte mein Lehrer den Kopf: »Es sind doch ähnliche Formeln, siehst du das nicht?« Nein, ich sah es nicht.

Das gleiche Spiel in anderen Fächern. Was musste ich mir anhören: Ich sei zu dumm, zu faul oder wolle einfach nicht.

In der Schule verstand ich nicht, was mit mir los war, erst Jahrzehnte später kam urplötzlich der Moment der Klarheit für mich. Ich war schon fast 50 Jahre alt, als ich in einer

Buchhandlung in einen Forschungsbericht, erstellt im Auftrag eines Kultusministers, hineinschaute. Die dort abgehandelte Frage lautete: Weshalb haben Legastheniker einen durchschnittlichen Intelligenzquotienten von 120?

Noch während ich las, schossen mir die Tränen in die Augen. Ich hatte das Gefühl, in meinem Innersten erkannt zu werden.

Eigentlich ist es nämlich ganz einfach. Legastheniker denken deutlich stärker in Abläufen als in Bildern. Etwa 20 Prozent aller Menschen sind davon betroffen, auch ist diese Form des Denkens vererbbar. Der Unterschied ist, bezogen auf die Rechtschreibung, folgender: In Bildern denkende Menschen prägen sich das Bild eines Wortes ein und vergleichen ihr Geschriebenes damit. Sie können also beim Lesen lernen, indem sie die Worte als Bilder speichern. Ich als Ablaufdenker jedoch schließe die Augen, und meine Handbewegung beim Schreiben entscheidet, ob das Wort mit einem L oder mit zweien geschrieben wird. Ich habe also den Ablauf der Buchstabenfolge gespeichert und müsste, um zu lernen, jedes Wort sehr oft schreiben.

Diese Erkenntnis bedeutete für mich eine riesige Erleichterung, die mich sofort animierte, durch Aufklärung zu unterstützen und ein positives Bild der Legasthenie, die heute ja meist als Mangel betrachtet wird, zu zeigen. In der Zeit danach erkannte ich Menschen schon nach wenigen Sätzen als Ablaufdenker und half ihnen, weil ich als Betroffener »von etwas« sprechen konnte statt »über etwas«. Ich erlebte weinende Väter, die plötzlich ihre Kinder erkannten. Ich fand nebenbei heraus, dass Einstein, Christie und Hitchcock auch Legastheniker waren, fühlte mich mit ihnen verbunden und fragte mich, ob sie auch so verunsichert gewesen sind wie ich. Immer häufiger dachte ich über die Vorteile der Legasthenie nach, vor allem im Hinblick auf das Anderssein. Wenn ich jetzt zurückspüre, erkenne ich auch dieses Anderssein als einen Anstoß, Selbstsein zu leben. Und in einer Kultur zu überleben, in der es über die Maßen wichtig scheint, »richtig« zu sein.

Dieses Richtigsein spielte schon in meiner Kindheit eine wichtige Rolle im Zusammenhang mit dem Begriff der Selbstoptimierung. Diese sollte wirken, wenn mir als Kind von außen bedeutet wurde: »Du bist nicht gut genug, du bist schuldig.« Ich spürte in diesen Momenten die ungeheure Manipulation, die da an meiner Person vorgenommen werden sollte. Als Reaktion darauf ging ich in den inneren Widerstand, stellte die Ohren auf Durchzug und schottete mich ab. Auf diese Weise erhob ich berechtigten Protest gegen diese Manipulationen und empfand schließlich mich selbst als richtig. Das war für mich die überlebensfördernde, positive Form der Selbstoptimierung.

Diese ist essenzieller Bestandteil jedes Lebewesens. Selbstoptimierung hilft, mit mir und meiner Mitwelt in Kooperationen zu gehen. Ich als Individuum nutze so die optimalen Voraussetzungen für das Überleben, und mit Blick auf die ganze Menschheit helfen diese Kooperationen durch viele neue Möglichkeiten ebenfalls, das Überleben zu sichern. Nur sie nämlich erlauben wirklich Weiterführendes als Antwort auf Störungen.

Diese Form der Selbstoptimierung lernen wir, wenn wir als Kind wir selbst sein durften. Wir selbst im Sinne der wichtigsten Forderung, die Kindheit an uns stellt: Dinge selbst machen zu können. Das Leben gibt uns dafür sogar ein Gehirn mit auf den Weg, das ein Drittel mehr Neuronen und Leistungskapazität hat, als die meisten Menschen später nutzen. Dass sie es nicht nutzen, liegt vor allem auch an der Angst. Wenn von klein auf Fremdbestimmung statt Selbstsein trainiert wird, nimmt diese Angst sehr viel Gehirnkapazität in Anspruch, während der Rest regelrecht verkümmert. Ich bin sicher, dass ich als Kind nur das Wohlwollen der Großen brauchte, um meinen Weg zu gehen und damit die optimale Grundlage für Kooperation mit der Mitwelt zu schaffen. Ich wünsche dies allen Kindern.

Wenn ich mir heute die riesigen Angebote zur Selbstoptimierung anschaue, erlebe ich sie als von Angst getriebene, krank machende Sucht. Ich selbst merke es heute immer schneller, ob ich aus Mangel oder Neugier etwas bei mir verändern will. Dieser Unterschied ist ganz wesentlich. Denn wenn mich jemand fragt, wie viele oder was für Veränderungen es denn braucht, weise ich ihn als Erstes auf das grundlegende Hindernis hin, das Veränderungen zunächst einmal blockiert, nämlich die Gewohnheiten.

Nicht dass wir uns falsch verstehen: Unser Organismus braucht Gewohnheiten, sie sind absolut unverzichtbar. Müssten wir alles jedes Mal neu entscheiden, triebe uns das in den sicheren Wahnsinn. Das Entscheidende ist:

Gewohnheiten können wir verändern. Was es dazu braucht, sind Positionen sowie die Entscheidung, die Veränderung dann auch tatsächlich zu leben. Um das besser leisten zu können, sollten wir uns verdeutlichen, dass unser Organismus Positionen bereits kennt, er weiß intuitiv, wer wir sind und was gut für uns ist. Die Negationen, die uns so oft behindern, müssen wir dagegen erst lernen, und je weniger wir sie verwenden, desto besser für uns. Denn in der Wirkung ist es ein gewaltiger Unterschied, ob wir uns etwa als Position »für Gesundheit« oder als Negation »gegen Krankheit« entscheiden.

Doch ehe ich noch tiefer in die Reflexion einsteige, möchte ich noch einmal zu meinem ersten Leben zurückkehren. Alle diese Erinnerungen haben schon mit meiner Erkenntnis zu tun, dass Selbstsein eine der drei essenziellen Grundlagen unserer Existenz ist, der erste Schritt zum »WinWinWin«.

In unserem nordhessischen Dorf machte die Dorfgemeinschaft, hier vor allem die Erwachsenen, unserer Familie recht deutlich klar, dass wir nur Zugezogene waren und damit außerhalb der Gemeinschaft standen. Ich spüre seit dieser Zeit in mir eine Abneigung gegenüber kleinen, überschaubaren Gruppen, die nach vorn freundlich tun und hinterrücks Gerüchte verbreiten. Überhaupt war das Dorf eine einzige große Gerüchteküche. Was niemand wusste, aber der Großteil gern glauben wollte, war gefragt. Mehr als einmal war ich überrascht, Dinge über mich zu hören, von denen ich selbst gar nichts wusste. Weil sie ja auch nicht stimmten. Auf Klarstellungen verzichtete ich damals schon bald, weil sie die Gerüchteküche nur noch anheizten. Dafür lernte ich die Bedeutung dieses Satzes kennen: Ist der Ruf erst ruiniert, lebt sich's völlig ungeniert.

Zwar arrangierte ich mich einigermaßen mit den Kindern meines Alters, merkte jedoch auch hier, dass ich eine innere Unlust gegenüber dem allgemein Üblichen hatte. Wir spielten beispielsweise häufig Fußball, was ich aber in Wirklichkeit schrecklich fand. Der Ball war nie mein Freund, und außerdem scheiterte ich schon daran, dass ich mir nie merken konnte, wer zu welcher Mannschaft gehörte. Ich hätte oft viel lieber einen Mittagsschlaf gehalten, anstatt hinter dem Ball herzurennen. Heute komme ich diesem Wunsch, wann immer es geht, nach.

Nachdem ich die Schule abgeschlossen hatte, träumte ich einen kurzen Traum vom Selbstsein, denn ich hatte mir fest vorgenommen, eine Ausbildung zum prähistorischen Forscher zu machen. Ich bewarb mich also beim Senckenberg Institut und bekam tatsächlich eine Zusage. Ich war glücklich, zeigte die Zusage überall herum, und dann – ja dann – sah mein Vater sie und sagte nur: »Nein!«

So viel zum Traum vom Selbstsein zu diesem Zeitpunkt.

Da es sonst keine Ausbildungsmöglichkeiten gab, machte ich gemeinsam mit weiteren 700 Menschen aus meinem Jahrgang eine Lehre zum Chemielaboranten bei den Farbwerken Hoechst. »Von einem Lehrberuf hast du dein Leben lang etwas«, wurde mir gesagt. Aber das stimmte schon damals nicht. Ich habe trotz erfolgreichen Abschlusses nie wieder in diesem Bereich gearbeitet.

Mittlerweile volljährig, das war damals mit 21, kam das Angebot, in der niederländischen Maschinenfabrik zu arbeiten, in der auch mein Vater schon einige Jahre als Repräsentant im deutschsprachigen Raum tätig war. Um die Firma kennenzulernen, war ich einige Monate am Stammstandort in den Niederlanden sowie in England tätig und wurde dann in Deutschland eingesetzt. Die Technik gefiel mir, das relativ freie Arbeiten mit Kunden und die autodidaktische Erarbeitung der Aufgaben auch. Außerdem merkte ich, dass ich Spaß am Autofahren hatte. Ich fuhr sehr viel auf damals noch leeren Straßen, meist waren es über 100 000 Kilometer pro Jahr, und schließlich entwickelte sich für mich gar ein Hobby daraus: Motorsport! Schnelle Autos, Motorräder für das Gelände und am Ende mehr als 100 Pokale, die ich gewonnen habe.

Ich blieb in der Firma, bis mein Vater Mitte der 1970er-Jahre Rentner wurde und mich überredete, mich selbstständig zu machen. So kam es dann auch: Selbstständigkeit als Maschinenbauer im selben Bereich wie die niederländische Firma. In den darauffolgenden Jahren entwickelte ich zwei Patente, neue elektrische Steuerungen und baute ganze Anlagen. Allerdings blieb ich trotz großen Einsatzes und Selbstständigkeit abhängig, denn als Sohn war es nie meine Firma.

Ich arbeitete in dieser Zeit häufig bis zu 80 Stunden in der Woche und damit weit über meine eigenen Grenzen hinaus. Ein wenig äußerer Einfluss beziehungsweise Zureden reichte, um mich zu animieren und eventuelle Warnsignale einfach zu überhören. Letztlich meldete sich dann mein Körper: mit einem Ohrspeicheldrüsenmischtumor. Auch erinnere ich mich an kurze Gedankenfetzen, wenn ich einmal wieder auf der Autobahn unterwegs war: jetzt die Augen schließen und den Fuß auf dem Gaspedal lassen, dann ist es vorbei.

Heute habe ich mit Burn-out ein Wort dafür, doch damals verdrängte ich solche Gedanken schnell wieder. Einmal schlief ich den Sekundenschlaf bei 140 Stundenkilometern weit nach Mitternacht und wachte auf, als mein Wagen krachend Bekanntschaft mit der Leitplanke machte. Das Auto war oberhalb der Räder auf der ganzen Seite schmaler, aber: Es fuhr ja noch. Das hätte ein Signal sein können, vielleicht müssen, doch ich machte weiter.

Immerhin tat es doch auch richtig gut, selbstbestimmt zu arbeiten. Ich entwickelte Maschinen, elektrische Steuerungen und Anlagentechnik und freute mich unbändig, wenn alles funktionierte. Mit der Selbstständigkeit als Maschinenbauer kamen meine Talente im Hinblick auf das Ablaufdenken erst so richtig zur Blüte. Bei der Konstruktion spürte ich im Hintergrund immer die Einfachheit des

Selbermachens. Und auch bei der Entwicklung der elektrischen Steuerungen gelang mir Optimales. Das war Neuland und machte richtig Freude. Einfach, robust und gut. Später übertrug ich diese Fähigkeiten auf meine Projekte bei der Energieberatung, was zu guter Effizienz führte. Auch privat erinnere ich mich an solche Momente, so etwa im Zusammenhang mit meinem ersten Auto, einem VW Käfer. Hier baute, schraubte und veränderte ich, was der TÜV zuließ – und das war damals einiges.

Vielleicht hätte das ewig so weitergehen können, doch das Jahr 1980 brachte für mich zwei ganz essenzielle Veränderungen: Mein Vater starb, die Firma ging in die Insolvenz und war schließlich am Ende. Ein neues und in vielerlei Hinsicht ganz anderes Leben begann.

Mein zweites Leben

Nicht nur das Ende der Firma und der Tod meines Vaters, sondern auch eine räumliche Neuorientierung markierte für mich den Aufbruch in ein neues Leben. Das Dorf mit seiner Enge war Vergangenheit, ich zog in die

Stadt. Es sollte der langsame Auftakt in das Leben werden, das ich heute mit dem Motto »WinWinWin« führe und von dem ich sicher bin, dass es mich so frei macht, wie es nur möglich ist.

Beruflich und privat war es zunächst ein einziges Hin und Her, verschiedene Anstellungen verließ ich jeweils nach der Probezeit, weil ich mich nicht wohlfühlte, auch meine siebenjährige Beziehung zu einer Frau ging in die Brüche. Das Ende der Beziehung bedeutete dann auch einen weiteren Umzug, der mir im Nachhinein betrachtet vielleicht zum ersten Mal ein kleines Tor zum Minimalismus öffnete: Ich zog einfach mit meinem kleinen Mini um und stand vor der Aufgabe, mich für die Dinge zu entscheiden, die unbedingt mitmussten. Da ich insgesamt mit Altem Schluss machen wollte, begann ich zum ersten Mal, so richtig auszusortieren. Ich verschenkte viele Dinge, einiges warf ich auch weg. Das größte übrig gebliebene Teil war schließlich die Pressluftflasche einer Taucherausrüstung, von der ich mich noch nicht so recht trennen mochte, da ich das Tauchen zu jener Zeit sehr liebte. Jahre später wurden mir dann auch die vielen Teile zu viel, die ich zum Tauchen brauchte, und ich beschränkte mich schließlich aufs Schnorcheln mit Brille und Flossen.

Eine Anekdote ist mir im Gedächtnis geblieben, weil sie mich so rührte: Unter den Dingen, die ich einfach auf den Sperrmüll gepackt hatte, war auch eine große Kiste mit all meinen Pokalen, die ich während meiner Zeit im Motorsport gewonnen hatte. Es funkelte und glitzerte in der Sonne, als die Kiste an der Straße auf ihre Abholung wartete, und ich schaute mit spürbarer Erleichterung auf diesen Haufen, mit dem ich künftig mein Leben nicht mehr belasten würde. Ich hatte den Blick schon fast abgewendet, als ich einen Jungen den Gehweg entlangkommen sah. Er stellte sich vor die Kiste, schaute verblüfft und deckte schließlich die Pokale mit den anderen Kisten zu, sodass niemand mehr einen direkten Blick darauf werfen konnte. Dann rannte er los wie der Teufel, und ich wartete gespannt, was passieren würde. Es dauerte kaum eine Viertelstunde, da erschien der Junge wieder auf der Bildfläche, dieses Mal im Auto mit seinem Vater. Die beiden stiegen aus, luden die Kiste in das Auto, und ich staunte: Kein einziger der Pokale glänzte so sehr wie die Augen dieses Jungen. Ich freute mich riesig mit ihm, denn nun hatten die Pokale sogar eine doppelte Funktion erfüllt. Mich machten sie leichter, und diesem Jungen verschafften sie ein spontanes Glücksgefühl. Das war wunderbar.

In der Folgezeit versuchte ich, eine neue innere Basis für mein Leben zu finden, und probierte mich aus. Zunächst mit einem Fachschulstudium als Maschinenbautechniker, das sich letztlich als reine Überbrückung erwies. Denn erstens lernte ich eigentlich nur, was ich vorher schon praktisch gemacht hatte, und zweitens baute ich trotz erfolgreichen Abschlusses des Studiums anschließend nie wieder eine Maschine.

Überhaupt war diese Zeit eine Probezeit auf meinem Weg zu dem, der ich heute bin. Ich stürzte mich in eine neue Beziehung und wurde Vater eines Sohnes. War dann aber überfordert, am Ende leer und hilflos, als ich versuchte, ein Leben als Hausmann mit Nebenjob aufzubauen. Schließlich scheiterte die Beziehung, und ich war einer von so vielen Wochenendvätern.

Mit den Umbrüchen des Jahres 1980 begann für mich also eine riesige Veränderung, doch im Großen und Ganzen betrachtet keineswegs in negativer Hinsicht. Ich spürte den

Geschmack von Freiheit. Allerdings war da auch etwas, das nicht so richtig stimmte. Es drehte sich dabei um die Definition von Freiheit. Langsam merkte ich, dass Freiheit zwei Richtungen haben kann: »Freiheit von etwas« oder »Freiheit für etwas«. Ich brauchte einige Zeit, um die Tiefe dahinter zu erfahren und mich für die »Freiheit für etwas« zu entscheiden. Damit bin ich selbst aktiv und nutze die Freiheit für ein selbst gestaltetes Leben. Die Freiheit von Bevormundung ist da automatisch mit drin, ich muss mich aber gedanklich nicht weiter damit beschäftigen, wenn ich weiß, wofür ich lebe. Mein Organismus unterstützt diese »Freiheit für etwas«, wenn ich sie erst einmal als klare Position formuliert habe.

Heute empfehle ich jedem jungen Menschen, mit Beginn der Volljährigkeit sein Leben in die Hand zu nehmen, denn eine Erfahrung meines ersten Lebens ist auch, dass Familie sehr prägend ist und manchmal sogar zum subtilen Gefängnis werden kann. Erwachsensein bedeutet damit also, die Ursprungsfamilie hinter sich zu lassen, um zu einer neuen Art der Begegnung mit ihr zu kommen. Einer Begegnung auf Augenhöhe.

Wesentlich ist dabei das Selbstsein. Mach dein Ding! Diese Erkenntnis musste ich mir selbst erarbeiten, denn niemand in meinem Umfeld hätte mich je dazu ermutigt. Meist hörte ich stattdessen: »Wenn das jeder machen würde.« Das ist überhaupt so ein Satz, den ich auch heute noch bisweilen zu hören bekomme. Andere Menschen werfen mir dann vor, immer eine Extrawurst bekommen zu wollen und mit dem Kopf durch die Wand zu gehen.

Was natürlich auch zum Selbstsein gehört: Dinge unabhängig von äußeren Warnungen zu versuchen, an ihnen zu scheitern und dann daraus zu lernen. Auch wenn jemand triumphierend zu mir sagt: »Du wolltest ja nicht hören!«

Mir ist im Laufe dieses zweiten Lebens langsam aber sicher klar geworden: Sein eigenes Ding zu machen steckt sehr tief in uns. So tief, dass unser Organismus mit seinen körpereigenen Botenstoffen Wohlfühlen signalisiert, unter anderem mit Dopamin beim Selbstsein.

Wenn ich an meine Kindheit denke, kommt mir ein Moment in den Sinn, in dem ich mein beginnendes Selbstsein schon lebte, ohne mir dessen so richtig bewusst zu sein. Es war vor

Weihnachten, und ich sollte mich zwischen einer Eisenbahn und einem Stabilbaukasten entscheiden. Ich entschied mich für den Baukasten, weil er mit seinen diversen Metallteilen und vielen Schrauben wesentlich mehr Gestaltungsmöglichkeiten bot als der ewig gleiche Schienenkreis einer Eisenbahn. Ich baute viel damit, doch ließ ich die Beispiele aus dem Begleitheft meist links liegen und erfand meine eigenen Konstrukte. Anschließend zerlegte ich die gebauten Dinge mit großer Freude wieder und ordnete die Einzelteile in den Kasten ein, um bald darauf etwas Neues zu bauen, das ich mir wiederum selbst ausgedacht hatte.

Auch die Erinnerung an meine erste »Filmkamera« gehört für mich heute zu den ersten Momenten des erlebten Selbstseins. Diese baute ich nämlich eigenhändig, eine echte hätte ich mir natürlich niemals leisten können. Doch ich war um eine Lösung nicht verlegen: Ein viereckiger Holzklotz diente als Gehäuse, daran schraubte ich einen Türstopper als Objektiv, zurechtgebogene Nägel dienten als Einstellhebel und einer davon als Kurbel, denn damals wurden Filme bei der Aufnahme gekurbelt.

Was meine Schulzeit angeht, begreife ich heute vor allem die letzten Jahre in der Realschule mit den vielen Arbeitsgruppen als gelebtes Selbstsein. Einen Lehrer gab es, der dieses selbst zu gestaltende Arbeiten ganz besonders unterstützte. Vor nicht allzu langer Zeit rief ich ihn an, um ihn darauf anzusprechen. Tatsächlich erinnerte er sich nach 50 Jahren noch an meinen Vornamen und auch daran, dass ich in den Diskussionen immer meinen eigenen Standpunkt vertreten hatte. Das Besondere an diesem Gespräch war allerdings etwas anderes: Erst nach der dritten Wiederholung verstand er, dass ich mich bei ihm bedanken wollte. Eigentlich hatte er Kritik erwartet, was mich im Hinblick auf sein eigenes Schulleben als Lehrer sehr nachdenklich machte.

Ich selbst war in der Mitte des zweiten Lebens immer noch ein Suchender. Doch nicht verzweifelt suchend, sondern neugierig auf das, was ich noch nicht kannte, aber bereits erahnte. Meiner Überzeugung nach ist Neugierde eine unserer stärksten Kräfte. Gut, wenn sie in der Kindheit gefördert wurde und auch danach erhalten bleibt.

Ich kann mich lebhaft erinnern: Meine Neugierde nervte andere und wurde dann abgewürgt.

Doch sie ist wichtig, denn sie macht fit für das Leben, schafft Unterschiede, die Wechselwirkung und Lernen und damit Wachstum ermöglichen. Neugierde ist Suche nach Neuem, das steckt bereits im Wort: die Gier nach Neuem. Natürlich kenne ich auch das ruhige Gefühl, das durch Bekanntes und Gewohntes erzeugt wird. Neugierde allerdings öffnet meine Sinne, ich lasse mich gern berühren – und zwar sowohl angenehm als auch unangenehm. Ich wähle dann, wie tief ich mich berühren lassen will. Schließlich kommen meine Gedanken dazu, Verknüpfungen werden hergestellt, ich kombiniere die neuen Erkenntnisse mit bereits vorhandenen. Das alles fühlt sich gut an. Neugierde ist angeboren und bleibt lebenslang.

Das Neue sollten wir so gestalten, dass dafür Wohlfühlen entsteht. Wie das geht? Vor allem, indem wir Neues nicht prinzipiell ablehnen. Die Haltung, mit der wir uns Neuem nähern können, ist das Staunen. Auf Neues reagieren wir am besten mit »Aha?!«. Dabei ist es sinnvoll, die inneren und äußeren Bewertungen einfach einmal abzuschalten. Zwar brauchen wir diese Bewertungen zum Leben, etwa um gefahrlos eine stark befahrene Straße zu überqueren. Doch häufig hindern uns vorgefertigte Bewertungen daran, uns auf Neues einzulassen. Neues kann immer zweierlei in uns auslösen: Motivation oder das Gefühl von Bedrohung. Was davon für uns gilt, entscheiden wir. Motivation wird dann erreicht, wenn wir selbst organisiert aus Neugier lernen. Dabei entsteht auch das Wohlfühlen.

Gerade was das Wohlfühlen angeht, werde ich häufig gefragt, wie ich Minimalismus mit Wohlfühlen verbinden kann. Denn offenbar verbinden viele Menschen mit Wohlfühlen auch den Besitz verschiedenster Dinge.

Ich sehe es so: Wohlfühlen bedeutet, Botenstoffe zu spüren, die durch die Entscheidung für aktives Tun entstehen. Die Hauptstoffe sind Dopamin für das Selbstsein, Oxytocin für das Verbundensein und Serotonin für das Kooperieren. Wohlfühlen braucht die Entscheidung dafür, selbst tätig zu werden. Wenn diese Entscheidung erst einmal getroffen ist, entsteht bereits Vorfreude – und damit zusätzliche Motivation für dieses Handeln.

Und was hat das
mit Minimalismus zu tun?

Nun, dieser wird ja meist mit der Reduzierung von materiellen Dingen verbunden. Tatsächlich waren Gegenstände in Millionen Jahren Menschwerdung überlebenswichtig, und deren Gebrauch hat wesentlich zur Entwicklung der Menschheit beigetragen. Daraus folgt aber im Grunde nicht mehr als dies: Gegenstände, die uns unser Leben ermöglichen und vereinfachen, sind uns wichtig. Zwingend ergibt sich aber daraus auch die Frage, die sich für manchen vielleicht im ersten Moment unangenehm anfühlen mag: Was brauche ich *wirklich* an Gegenständen für mein Leben, was trägt *tatsächlich* zu meinem Wohlfühlen bei?

Wenn wir diesen Gedanken ehrlich denken und daraufhin anfangen, uns einiger Dinge zu entledigen, merken wir: Minimalismus ist eine Möglichkeit, Freiheit zu spüren, sein Leben aktiv zu gestalten, und zwar sowohl zum eigenen Wohl als auch dem der Mitwelt. Diese Wechselwirkung sollten wir nicht unterschätzen. Minimalismus im Sinne eines Lebens mit nur wenigen Dingen ist eine Haltung und bedeutet, mich für das Wesentliche zu entscheiden. Ich richte damit den Fokus ganz auf mein Leben. Es entstehen Klarheit, Leichtigkeit und Freude. Kurz gesagt: Wohlfühlen.

Den Weg zum Wohlfühlen musste ich nach Studium und gescheiterter Beziehung jedoch erst langsam finden. In dieser Phase meines Lebens richtete ich meine Neugierde auf verschiedene Aktivitäten, die für sich genommen Kleinigkeiten zu sein scheinen, mir jedoch halfen, durch ebendiese ständige Neugierde meinen Weg zu finden. So erinnere ich mich etwa, wie ich Brot buk, so richtig mit Grundansatz, den ich mir damals in einer alternativen Bäckerei besorgte. Oder wie ich mit meiner Ente quer durch ganz Kassel fuhr, um zur einzigen Tankstelle zu gelangen, die zu jener Zeit bleifreies Benzin anbot. Denn immerhin stand auf meiner Ente: »I fly bleifrei.«

Die Suche dauerte, doch einen echten Durchbruch erlebte ich durch eine Männergruppe mit dem Namen »Wenn Männer Väter werden«. Die Bekanntschaft mit dieser Gruppe kam mir wie meine Rettung vor. Ich erinnere mich noch heute gut an die wohltuenden Gespräche und die angenehmen Männer dort. Und an die Aufbruchsstimmung. Es kamen in den darauffolgenden Jahren viele Gruppen dazu, und ich legte damit die Basis für bewusstes Selbstsein. Ich probierte einige Gruppenarten, stellte jedoch irgendwann fest, dass mir nur die gefielen, in denen es um reine Selbsterkenntnis ging, statt darum irgendein bestimmtes Verhalten zu üben.

Beruflich war ich auf der Suche, klar war eigentlich nur, dass ich etwas Sinnvolles machen wollte. Zu Hilfe kam mir schließlich ein katastrophales Erlebnis, an das sich wohl eine ganze Generation für immer erinnern wird.

Es war an einem Abend, Anfang Mai 1986. Draußen war es eigentlich schon angenehm frühlingshaft, doch an diesem Tag war alles anders: Unerklärlicherweise schneite es! Jedenfalls sah es so aus. Erst als ich am nächsten Tag die Nachrichten hörte und zusätzlich noch entdeckte, dass in den Supermärkten die Konserven fehlten, wurde mir klar: Das war kein Schnee, sondern Fallout von Tschernobyl. Es begann die Zeit, in der Obst und Gemüse auf den Feldern verfaulte, weil niemand etwas ernten, geschweige denn kaufen wollte. Kinder wurden nicht mehr ins Freie gelassen, in vielen Sandkästen der Sand getauscht, und die meisten Menschen waren total verunsichert. Das galt auch für mich.

Doch anstatt in Panik zu verharren, entschied ich mich, Position zu beziehen, indem ich meine beruflichen Ambitionen unter dem Eindruck dieses schrecklichen Ereignisses neu ausrichtete. Anders gesagt: Ich wollte fortan als Energieberater arbeiten. Und zwar als Freiberufler für Unternehmen. Ich hatte ja Erfahrungen mit Unternehmern und war mir sicher, dort Optimierungen erreichen zu können, denn Energie ist schließlich lebendige Technik. Hinter diesem pragmatischen Ziel gab es damals allerdings auch den Gedanken, damit ein bisschen die Welt zu retten, und rückblickend war da vor allem eine riesige Neugier für diesen Bereich. Das war auch gut so, denn außer den Erfahrungen aus dem Maschinenbau fehlte mir alles, was es zu dieser Tätigkeit brauchte. Damit hielt ich mich in meiner Überzeugung jedoch nicht auf und fing einfach mit der Arbeit an. Bald schon fand ich Partner und den ersten Auftraggeber.

Beim Vorgespräch hatte ich auf eine technische Frage nur die Antwort parat: »Weiß ich nicht, doch es interessiert mich, und ich mache mich schlau.«

Ich sah in ein verblüfftes Gesicht, doch dann kam nur: »Das habe ich so noch nie gehört, aber ich traue es Ihnen zu. Fangen Sie an.«

Es wurden viele Jahre der Zusammenarbeit daraus.

Energieberatung war zu jener Zeit etwas ganz Neues, nur wenige Menschen hatten sich vorher so richtig Gedanken über das Thema gemacht. Somit gab es für mich unendlich viel zu lernen und zu probieren, wobei meine Neugierde mir bestens half. Wenn ich beschreiben soll, wie ich an die Sache heranging, fällt mir immer das Bild der Sonnenblume ein: Die Mitte der Blume ist meine Art zu denken, zu arbeiten sowie das wachsende Wissen und die Erfahrungen. Die Blütenblätter darum herum sind mein Teilwissen in Sachen Elektronik, Architektur, Heizungen, Installation, Steuerungen, Anlagentechnik, Prozesstechnik, Verordnungen und einiges mehr. Ich schaffte es, all das bestens zu kombinieren und damit Effizienz zu erreichen. Die Sonnenblume blühte gewissermaßen. Ich war nur für mich verantwortlich und erinnerte mich zu gut an die Zeiten als Maschinenbauer, in denen ich nachts aufschreckte mit Gedanken wie: Wenn du morgen den Auftrag nicht bekommst, hast du ein Problem mit deinen Angestellten und deren Familien.

Es war damals eine Zeit, in der deutschlandweit sehr viele Bewegungen entstanden. Das ganze Land war im Umbruch. Das war spannend, aber in mancherlei Hinsicht auch problematisch: Ich erinnere mich heute noch unangenehm berührt an den berühmten pädagogischen Zeigefinger, mit dem in diesen Jahren Menschen zu Verhaltensänderungen bewegt werden sollten. Ob es die Friedens-, die Öko-, die Emanzipations-, die Umwelt- oder die Antiatomkraftbewegung war: Alle drohten mit schlimmen Szenarien als Strafen, wenn der Einzelne nicht bei der Veränderung mitmachte. Die Folge war, dass sich immer mehr Menschen schlecht fühlten, denn es war einfach unmöglich, alle Vorgaben zu erfüllen. Jahre später verhallten diese Appelle zunehmend ungehört, denn die Menschen waren müde davon, und »Öko« wurde gar zu einem Schimpfwort.

Das veränderte auch meine Arbeit als Energieberater, und zwar weniger im Hinblick auf den Inhalt als auf die Ansprache. Die negativen Worte aus den genannten Bewegungen verschwanden, wir sprachen hingegen positiv von Erleichterung, Kosteneinsparung und Prozessoptimierung. Und wenn alles geklappt hatte, freuten wir uns über die Umwelt-erfolge. Mir wurde bewusst, dass es auch in der Energieberatung deutlich mehr um Menschen geht und um Kommunikation als um Technik.

Diese Erkenntnis veranlasste mich schließlich sogar dazu, eine Ausbildung zum Coach und Therapeut zu absolvieren. Dabei durfte ich erleben, dass das gleichzeitig meiner Arbeit und mir als Mensch sehr guttat. Die Art der Tätigkeit hat mich mit vielen Menschen zu-sammengebracht, denen ich immer mit freund-licher Neugierde begegne, was jeder neuen Be-ziehung grundsätzlich schon einmal guttut. Auch bei meinen Freunden und Bekannten ist es so, dass sie auf meine Art zu leben in der Regel positiv reagieren und ihr aufgeschlossen gegenüberstehen. Das liegt wohl auch daran, dass ich umgekehrt jeden so leben lasse, wie er das möchte, niemanden ungefragt von meiner Art zu leben überzeugen will und niemanden zu missionieren versuche. Da ich diese Hal-tung mittlerweile schon Jahrzehnte so lebe, ist das für mich ganz selbstverständlich gewor-den, und ich bin absolut authentisch.

Manchmal höre ich: »Das könnte ich so nicht.« Das ist in der Regel ein guter Moment, um über den Wunsch nach Veränderung zu sprechen, der häufig dahintersteckt. Da tauchen viele tolle Gedanken auf, und oft beginnen Menschen dann, nachzudenken und schließlich auch zu handeln. Aber immer aus eigenem Antrieb, von mir kommt höchstens ein wohlwollendes und aufmunterndes »Mach es!«. Besonders freue ich mich dann, wenn mir von Aktionen berichtet wird, die dieses Nachdenken hervorgebracht hat.

In diesem Zusammenhang erinnere ich mich an eine Begebenheit Anfang der 1990er-Jahre. Damals fanden sich auf Initiative eines Bioarchitekten zehn Menschen zusammen, die sich mit der ganzheitlichen Methode beschäftigten. Einer dieser zehn war ich. Wöchentlich trafen wir uns, arbeiteten an den Themen und tauschten uns aus. Zum Ende der gemeinsamen Zeit stellten wir einander unsere Ausarbeitungen, Visionen und Pläne vor. Reihum jeweils in den individuellen Räumen, einmal in einem Büro, ein anderes Mal in einem Wohnzimmer oder auch in einem Garten.

Als ich an der Reihe war, wählte ich meine Wohnung als Präsentationsforum aus: Drei Räume zur Miete unter einem Grasdach waren das damals. Und ein Bad. Die Bitte an alle, sich ein Kissen zum Sitzen mitzubringen, wurde mit Erstaunen registriert. Und dann kamen sie mit Kissen und Klappstühlen. Auch meine drei Stühle wanderten in den größten Raum, in dem es einen Schrank für Kleidung und einen kleineren mit herausklappbarer Arbeitsfläche gab. Eine große Pflanze dazu. Mehr besaß ich nicht. Damals brauchte ich beim Umziehen nur eine Fahrt im Bulli, dann war alles geschafft.

Ich trug schließlich meine Ausarbeitungen der Gruppe vor, das meiste habe ich mittlerweile vergessen, doch erinnere ich mich an meinen letzten Satz, weil dieser wie kaum ein anderer mein Leben geprägt hat und das bis heute tut: Wenig tote Gegenstände erlauben mir viel Zeit, Raum und Energie für Lebendiges! Das Echo war erstaunlich, die Reaktionen sehr offen, neugierig und andauernd. Als ob die Anwesenden immer mehr wissen wollten. An eine Aussage erinnere ich mich: »Wenn du mir das irgendwo anders als in deiner Wohnung erzählt hättest, ich hätte dir nicht geglaubt.«

Ein paar Wochen später traf ich einen der Teilnehmer auf der Straße. Er berichtete mir von einem Besuch mit seiner Frau und den

Kindern bei IKEA und fing an zu lachen, als er davon erzählte: »Wir schoben zwei vollgepackte Wagen zur Kasse, als mich meine Frau ansah und sagte: ›Du hast mir doch von Joachim erzählt! Brauchen wir das alles wirklich?‹ Wir blickten uns einen Moment schweigend in die Augen. Dann schnappten wir uns die Kleinen, gingen ins IKEA-Restaurant, holten ihnen Eis zur Ablenkung und uns Kaffee. Die Wagen blieben einfach stehen.«

Minimalismus: Was bedeutet dieser Begriff denn nun für meine Lebensgestaltung?

All die beschriebenen Ereignisse veränderten nach und nach mein Leben. Die Wohnung mit den zwei Schränken und drei Stühlen schränkte mich keineswegs in meiner Freiheit ein, im Gegenteil, ganz im Sinne des erwähnten Satzes verschaffte mir die Abwesenheit toter Dinge den nötigen Raum, um mich lebendiger denn je zu fühlen. Also machte ich mit diesen wenigen Gegenständen weiter.

Die ersten Jahre baute ich neue Möbel selbst, die alten fanden begeisterte Abnehmer. Ein Freund hatte eine Holzwerkstatt, die ich dafür nutzen konnte. Die Möbel sahen gut, klar und interessant aus, sodass ich auch welche für andere Menschen baute. Meine Möbel basieren auf einem Grundmodul: eine Tragkonstruktion aus einer Lochblechtafel, in der Holzböden in verschiedenen Formen, durch die Löcher verschraubt, dem Ganzen Form und Stabilität geben. Ein großer Fortschritt und eine Besonderheit bei meinen Möbeln ist die Multifunktionsarbeitsfläche, die je nach Bedarf zum Essen oder zum Arbeiten verwendet werden kann und auf die Schnelle auch als Kaffeetisch taugt.

Über die Jahre hat sich meine Lebensweise dann weiter minimalisiert. In den letzten zwei Jahren lebte ich in einem angemieteten Raum in Berlin, in dem es nur noch eine Hängematte gab. Eine für Bergsteiger, die problemlos in den Rucksack passt, der ohnehin, bis auf die Fleecedecke für den Winter, meinen ganzen derzeitigen Besitzstand fasst. Dazu eine feste Pappe, auf der meine Dinge liegen.

Auf Körperpflege muss ich auch als Minimalist natürlich nicht verzichten. Ich dusche gern und liege im Winter auch mal in der Badewanne. Nutze aber eben nur eine Seife für Wäsche, Haare und Haut. Meine Haare schneide ich schon seit über drei Jahrzehnten selbst mit der Schere, mit der ich auch den Vollbart stutze. Dazu eine Nagelschere, Zahnstocher und ein Tütchen mit dem Wundermittel Natron. Ein paar Krümel auf die Zahnbürste, ein paar Krümel zwischen die Zehen zur Prävention und unter die Arme. Reicht vollkommen, um meinen Hygieneansprüchen zu genügen.

In meiner Anfangszeit als Minimalist fing ich auch an, meine Kleidung selbst zu gestalten. In den folgenden 15 Jahren perfektionierte ich sie so weit, dass sie immer einfacher und klarer wurde. Auslöser für meine intensive Beschäftigung mit der Kleiderfrage war der simple Wunsch nach einem neuen Hemd. Ich ging durch unendlich viele Geschäfte, und mein Frust wuchs und wuchs, weil ich einfach nichts mit Stehkragen fand. Also Planänderung: Ein vernünftiger Schneiderladen musste her, den ich schließlich in einem Geschäft mit dem tollen Namen »Tuchfühlung« fand. Ich fragte, ob sie mir ein Hemd nähen könnten, und blickte in erstaunte Gesichter. Doch dann kam ein Ja. Ich fragte nach der Stoffmenge und zog schließlich selbst los, um das Notwendige zu besorgen. Aus diesem ersten Kontakt wurde eine Kooperation über viele Jahre, und auch wenn manche Elemente meiner Ausführungsideen eigentlich gegen die Schneiderehre verstießen, so war ich dort als Kunde doch immer gern gesehen, und wir hatten alle viel Freude dabei. Nach einem Umzug nach Bonn begann ich, die Schnitte für Hosen und Hemden zu vereinfachen, sodass sie vorn und hinten gleich waren, keine Taschen hatten und nur noch einen Gummizug im Bund. Das hatte den Vorteil, dass sie durch Mitglieder eines Tauschrings genäht werden konnten.

Manchmal werde ich gefragt, ob mir meine Kleidung nicht langweilig wird, da ich als Minimalist natürlich kaum etwas zum Wechseln habe. Mittlerweile lächle ich bei dieser Frage, denn ich kann guten Gewissens sagen, dass dieses Gefühl bei mir noch nie aufgetaucht ist. Das könnte natürlich auch ganz simpel daran liegen, dass ich ein Mann bin und das Pragmatische mag. Außerdem bietet der Minimalismus einen Vorteil, an den man im ersten Moment vielleicht gar nicht denkt: Da die Kleidung aus so wenigen Teilen besteht, ist der Verschleiß höher, und mit jedem Neuen, das ich mir ausdenke, kann ich dann auch wieder die Richtung ändern.

Bei der Oberbekleidung probierte ich beispielsweise in der Phase der Fertigstellung dieses Buches etwas Neues aus. Es handelt sich dabei um Einteiler aus der Berufsbekleidung. Bei beiden wurde der Kragen zum Stehkragen, an einem kürzte ich Arme und Beine, denn der ist für den Sommer. Mir gefällt die Einfachheit des Tragens, die diese Kleidung vermittelt, immer mehr. Während du dieses Buch liest, könnte aber auch schon wieder ein anderer Entwurf fertig sein, ganz ähnlich dem Berufsbekleidungseinteiler. Minimalistisch, einfach und klar, produziert aus nachhaltigem Stoff. Ich nenne sie dann »Mono«, das heißt im Spanischen gleichzeitig Overall und Affe, was mir irgendwie gefällt.

Eine Waschmaschine wird man in meiner Wohnung auch vergeblich suchen, denn Wäsche wasche ich per Hand zwischendurch, bevor sie ab und an in die Maschine im Waschsalon kommt. Damit ich die voll bekomme mit meinen wenigen Sachen und nichts abfärbt, ist alles weiß. Na ja, fast. Seit ein paar Monaten gibt es gelbe Shirts zum gelben Schal, denn ich habe mir sagen lassen, die können mit weißen Sachen zusammen gewaschen werden.

Klar, im Winter in Berlin braucht es doch geringfügig mehr, immerhin wird es da doch mal etwas kälter. Das heißt aber lediglich, es gibt ein zusätzliches Paar feste Schuhe, dazu zwei Garnituren Thermounterwäsche und schließlich noch eine Arbeitsjacke für Kühlhäuser. Fertig. Das reicht total, und ich fühle mich warm und leicht.

Komplettiert wird meine Garderobe durch zwei kurzärmelige Shirts, zwei Unterhosen, einige Söckchen und den bereits erwähnten gelben Schal. Aktuell existiert außerdem noch ein Poncho aus einer Fleecedecke, in die ich einen Schlitz für den Kopf geschnitten habe. Last, but not least, auch ein Regencape.

Doch nicht nur in der Kleidungsfrage reduzierte ich mit der Zeit immer mehr und mehr, auch meine Wohnsituation wurde immer minimalistischer. Konkret heißt das: Ich brauche keine Dreizimmerwohnung, wenn es nichts gibt, um es dort hineinzustellen. Also änderte sich mein Anspruch an das Wohnen immer mehr in Richtung eines einzelnen Zimmers. Bei der dafür notwendigen weiteren Reduzierung meines materiellen Besitzstandes half mir ein simpler Satz, den ich irgendwo aufgeschnappt hatte und an den ich mich heute noch halte: Alles, was ein Jahr lang nicht benutzt wurde, kann weg.

Fehlen mir da nicht manchmal auch schöne Dinge, an deren bloßem Vorhandensein man sich erfreuen kann? Ehrlich gesagt: nein. Keine Frage, ich mag Design, schaue mir sehr gern Designausstellungen an, staune über die tollen Dinge dort und freue mich über die Kreativität der Menschen. Gleichwohl: Das Gefühl des Habenwollens taucht nur sehr selten auf.

Um auf ein Zimmer reduzieren zu können, musste ich die Dinge natürlich immer weiter optimieren. Ich erprobte jede Möglichkeit, Sachen multifunktional zu nutzen. Das bedeutete: Anstatt zwei oder drei Dinge zu haben, war es schließlich nur noch eines. Zuerst perfektionierte ich das bei Werkzeugen, dann bei Gegenständen in der Küche. Ich war richtig froh, als ich *ein* Messer für alles fand, und von der Reduzierung beim Möbelbau habe ich ja bereits erzählt.

Auf dem Jakobsweg

Mit der Beschäftigung mit Reduktion bei Kleidung und Möbeln wuchs ganz allgemein die Neugierde, bis sich schließlich die Frage herauskristallisierte: Was brauche ich wirklich? Das war spannend und wurde manchmal zu einer echten Herausforderung, etwa wenn ich bei kleineren Reisen mit einer Tasche übte, die lediglich circa fünf Liter fasste. Doch siehe da: Es klappte. Und dann kam 2001 der Jakobsweg. 700 Kilometer weit die Dinge selbst tragen. Es hat eine Weile gedauert, bis ich mich wirklich entschieden hatte. Den letzten Kick, den es noch brauchte, gab mir dann ein Freund, der einfach nur sagte: »Hör endlich auf, nur davon zu erzählen. Mach es einfach!«

Also kündigte ich mein Zimmer, beendete den Job und packte meine paar Sachen, inklusive der Hängematte, die ich mittlerweile als Multifunktionsmöbel nutzte, in eine Alubox, die ich im Keller einer Freundin deponierte. Per Mitfahrgelegenheit ging es dann nach Süden. Nahe der französisch-spanischen Grenze trennten sich unsere Wege an einer Autobahntankstelle, an der ich jedoch umgehend eine andere Mitfahrgelegenheit nach Pamplona fand.

Vor meiner Abreise hatte es übrigens noch einen berührenden Moment im Gespräch mit meinem Chef gegeben, als ich kündigte. Er war nicht etwa sauer oder machte mir Vorwürfe, er war auch nicht erstaunt, nein: Er wollte spontan mitgehen und überlegte dann, ob wir uns nicht auf halber Strecke treffen könnten. Leider wurde nichts daraus.

Ich hatte zwei Hemden, eine kurze und eine lange Hose sowie einen Regenponcho dabei. Alles selbst genäht und aus pflegeleichtem

Stoff. Dazu einen sehr leichten Schlafsack, ein Handtuch und Pflegeartikel. Alles passte in einen Minirucksack. Auffällig war, dass ich in den ersten Tagen viele Menschen erlebte, die einen Teil ihres Gepäcks per Post zurückschickten. Offenbar lädt der Jakobsweg geradezu zu einer Form des Minimalismus ein.

Mein Zögern vor dem Start in Deutschland hatte auch etwas mit den Gedanken daran zu tun gehabt, ob sich die Wege leicht finden lassen würden und das Abenteuer nicht zu groß sein würde. Doch diese Gedanken erledigten sich schnell. Überall waren Wegweiser, Pfeile und das Symbol des Weges, die Jakobsmuschel.

In Pamplona am frühen Nachmittag angekommen, schien die Stadt wie ausgestorben. Ich hatte schon von der berühmten Siesta gehört, sie jedoch noch nie erlebt. Nun spürte ich, was für eine entspannte, wenngleich auch ein wenig befremdliche Atmosphäre dadurch entstand. Mir begegneten zwei junge Frauen, die noch zur nächsten Herberge gehen wollten. Ich schloss mich kurzerhand an, und wir starteten die rund 700 Kilometer lange Wegstrecke nach Santiago gemeinsam. An diesem ersten Tag endete der Weg in einer privaten Herberge, in der ich auch den notwendigen Pilgerpass bekam.

An ein Erlebnis erinnere ich mich deshalb, weil es mir fast peinlich war. Ein Herbergsbetreuer wollte mir kein Bett geben, denn aufgrund meines kleinen Gepäcks vermutete er, dass ich mit dem Auto unterwegs sei. Erst einige pilgernde Radfahrer, denen ich unterwegs begegnet war, berichteten ihm auf Spanisch, sie hätten mich gesehen und ich sei wirklich zu Fuß unterwegs. Er staunte, schnappte sich meinen Rucksack und trug ihn an zwei Fingern vorzeigend durch verschiedene Schlafsäle und sprach dazu. Ich trottete hinterher, nichts verstehend, komische Blicke erntend. Später übersetzte jemand. »So geht pilgern!«, hatte er in etwa gesagt.

Es war eine sehr intensive, angenehme und meist sehr leichte Zeit. Ich begegnete Menschen aus allen Kontinenten im Alter zwischen 15 und 85 und ging oft stundenlang allein oder mit anderen bei angenehmen Gesprächen. Am Anfang im üblichen Tagesrhythmus von etwa 25 Kilometern, doch dann wurde ich mutiger und fitter und meine Wegstrecke immer länger. Am letzten Tag waren es 100 Kilometer. Ein Flow war entstanden, ich ging nicht mehr, ich schwebte. Dieser Weg hatte Geschenke für mich, die mir heute helfen. Spüren, was ich wirklich brauche, mich absolut frei dabei fühlen, meinen Rhythmus, meine Geschwindigkeit und meine individuelle Tagesstrecke zu gehen. Und schließlich begann ich, die Leichtigkeit zu verstehen, die hinter diesen simplen Worten liegt: Es ist, wie es ist.

Den Weg zu gehen war einfach genial, und mir war schnell klar: Auch die Alubox mit Inhalt, die noch bei einer Freundin im Keller auf meine Rückkehr wartete, brauchte ich nicht mehr.

Die Erfahrung des Jakobsweges gab mir den Mut, im nächsten Frühjahr nach Berlin umzuziehen. Ich habe meine Reisetasche gepackt und alles andere vorher auf einem Flohmarkt verkauft. Das ging so schnell, dass ich schon wieder weg war, bevor der Kassierer kam, um die Standgebühr zu verlangen.

Umgezogen bin ich dann mit einer Mitfahrgelegenheit: Vier Menschen in einem Golf, und natürlich war ich der Einzige, der gerade einen Umzug durchführte. Manche meiner Mitfahrer hatten mehr Gepäck als ich mit meinem kompletten Hausstand.

Entscheidungen

Am Anfang meines Berichtes über den Jakobsweg habe ich erzählt, dass ich mit der Entscheidung zögerte, überhaupt loszugehen. Hätte ich diese Entscheidung nicht getroffen, wären mir so viele großartige Erlebnisse und Erkenntnisse entgangen, dass ich heute kaum noch verstehen kann, wie es überhaupt möglich war, auch nur einen Moment zu zweifeln. Aber natürlich war es möglich. Denn die Erkenntnis, dass es für unser Leben essenziell ist, Entscheidungen zu treffen und mit den Konsequenzen umzugehen, müssen wir uns häufig erst wieder ins Gedächtnis zurückrufen.

Das Wichtigste ist, aktiv etwas zu tun. Die Entscheidung »für etwas« ist unsere größte Freiheit. Ich kenne so viele Menschen, die Entscheidungen verzögern. Meist geschieht das aus Angst vor den Konsequenzen, vor Bewertungen von außen. Und doch können und müssen wir als Menschen uns entscheiden. Immer wieder. Es liegt in unserem Wesen, durch Versuch und Irrtum zu lernen. Nichts anderes heißt es, sich immer wieder zu entscheiden. Mir hilft dabei der schlichte Satz: Ändere, liebe oder lass es. Die Entscheidung, zwischen diesen drei Handlungen zu wählen, erleichtert das Leben ungemein.

Selbstsein hat heute für mich sehr viel mit Entscheidungen zu tun, auch mit der für das Selbstsein an sich. Sich entscheiden zu können setzt in der Komplexität der Mitwelt das Erkennen von Wahlmöglichkeiten voraus. Diese Wahlmöglichkeiten sind immer da, manchmal jedoch schwierig zu erkennen. Sie bieten mir die Möglichkeit, Neues zu probieren und zu lernen. Das ist auch meine Antwort auf die Frage nach dem Sinn des Lebens: probieren, immer wieder probieren. Ähnlich wie Kinder, die alle den inneren Antrieb zum Selbermachen und zur Neugier spüren und sich daran begeistern, fühle auch ich dieses Verlangen nach Neuem immer wieder.

Wenn ich also erst einmal für mich verstehe, dass es mich voranbringt, mich immer wieder aktiv für Neues zu entscheiden, ist der Weg zu einem leichten und angenehmen, also glücklichen Leben frei. In den letzten drei Jahrzehnten entdeckte ich zu diesem Zweck das Leben mit wenigen Dingen und entschied mich dafür. Es gibt mir den Raum, für mein Wohlfühlen aktiv zu sein, und ist somit »WinWinWin« auf der Handlungsebene:

Tue Gutes für dich, für andere und für die Mitwelt.

Die Entdeckung des Begriffes Mitwelt war für mich etwas Besonderes. In den 1980er-Jahren gab es viele Diskussionen über die Wahl des richtigen Wortes: Sollten wir Umwelt sagen? Oder Mitwelt? Ersteres setzte sich durch. Durch die intensiven Diskussionen damals lernte ich auch die Wirkung von Worten und Symbolen eingehender zu verstehen. Es war die Zeit der Aufkleber mit der Friedenstaube. Viele von ihnen klebten hinten an den Autos und waren ein Statement. Ich klebte meinen direkt auf das Armaturenbrett. Und zwar mit einem ganz konkreten Gedanken dahinter: Bevor ich andere zum Frieden einladen kann, muss ich selbst erst einmal friedlich werden. Auch das ist im Übrigen eine Entscheidung, die es zu treffen gilt. Obwohl sich der Begriff Umwelt durchgesetzt hat, verwende ich persönlich lieber Mitwelt. Neueste Erkenntnisse aus der Gehirnforschung belegen, dass Worte unser Verhalten und unsere Einstellung zum Leben prägen. »Mitwelt« heißt für mich: Ich bin körperlich und in meinem Kopf in dieser Welt mit dabei. Ich bin aktiver Teil dieser Welt. Ich bin mit ihr verbunden und fühle mich mitverantwortlich. »Umwelt« hingegen symbolisiert Getrenntheit: ich und die Welt um mich herum. Damit ist es aus meiner Sicht zu einfach, sein Handeln von den Geschehnissen in der Welt zu trennen, nur für sich im nahen Umfeld Verantwortung zu übernehmen und die Welt auszublenden.

Bei der Entscheidung für die Mitwelt nehme ich eines bewusst wahr: Energie, Abfall, Ressourcen, Emissionen, Natur, Menschen und dazu die natürlichen und beeinflussten globalen Veränderungen überfordern mich. Insbesondere mit all den bekannten und unbekannten Wechselwirkungen untereinander. Und ich bin mir sicher, dass es vielen anderen Menschen auch so geht. Nicht umsonst werden Millionenbeträge für Forschungen ausgegeben, um die Zusammenhänge zu verstehen. Unzählige Bücher und Beiträge zu diesem Thema sind ebenfalls ein eindeutiges Zeichen.

Mein Leben war schon immer – und ist es heute noch – geprägt von Stichworten wie: Atomkraftwerksunfälle, Abfallkatastrophen, Artensterben, Europakrise, Erderwärmung, Finanzkrisen, Geflügelpest, Kubakrise, Kalter Krieg, Migration, Notstandsgesetze, Ölkrisen, Rinderpest, Schweinepest, Umweltzerstörung,

Waldsterben, Weltuntergänge, Wirtschaftskrisen und noch vielen mehr. Und immer wieder spüre ich auch Unsicherheit in mir beim Gedanken an eine nächste Katastrophe, doch gleichzeitig auch absolutes Zutrauen, auch dies zusammen zu bewältigen.

Aus diesem Grund bin ich ein optimistischer Mensch. Denn nur so kann ich für mich handlungsfähig bleiben und in meinem Lebensraum Neues wagen und dies auch leben. Mein Optimismus hat mich durch die fast zwei Jahrzehnte, in denen ich in der Energieberatung tätig war, getragen. Heute trägt er mich durch dieses befreite Leben mit wesentlichen materiellen und immateriellen Dingen. Auch dieses Buch gehört zu meinem auf eine positive Zukunft ausgerichteten Leben. Dabei sind die materiellen Dinge am offensichtlichsten. Doch für mich waren schon früh die immateriellen Dinge wesentlicher, im Sinne von: Mach dein Ding. Und genau dies erlebte ich immer deutlicher. Es ging und geht darum, mir mit dieser Art der Gestaltung mein eigenes Leben zu kreieren. Bereiche zu finden, in denen ich einfach ich selbst sein konnte. Die Überraschung für mich war schon bald: Ich konnte mich wohlfühlen. Einfach so, ohne philosophischen und ideologischen Hintergrund. Mir schien es, als ob mein Organismus immer dazu einladen würde. Auch heute noch.

Minimalismus ist mehr, als alles wegzuräumen, was mir nicht guttut

Minimalismus ist für mich vor allem die Entscheidung, mein Leben zur wichtigsten Aufgabe zu machen. Doch es ist gleichzeitig auch mehr als das. Dazu gehört auch die Verbindung mit Problemen in der Welt und den vielen Lösungsversuchen sowie mit der tiefen Unzufriedenheit vieler Menschen. Dann aber auch der Wunsch, sich eine Struktur zu geben, um das eigene Leben auszurichten. Und viertens die Lust, einer Mode zu folgen, Neues dabei zu spüren und verbunden zu sein. Das soll als kleine Aufzählung an dieser Stelle reichen, vermutlich gibt es noch mehr.

Wesentlich für den Minimalismus sind auf jeden Fall Klarheit und Leichtigkeit. Wenige Dinge im Außen laden ein, auch das Denken klar werden zu lassen: kreativ, innovativ neu zu denken und zu handeln. So wie ich im Außen Dinge entsorge, so räume ich auch innen auf. Mein leichtester Schritt dabei ist, alles Vergangene zu löschen, wegzugeben oder zu vergessen. Mache ich das aktiv, spüre ich echte Erleichterung. Vergangenes ist sowieso immer mit den damit verbundenen Gefühlen im Organismus gespeichert und beeinflusst meine Entscheidungen. Mich durch Gegenstände zusätzlich daran zu erinnern reduziert meine Möglichkeit, Zukunft zu gestalten und meinem Leben eine Richtung zu geben.

Etwas schwieriger ist es mit neuem Denken. Auch wenn mein Kopf frei dafür ist, bleibt ja die Prüfung in der Welt. Hier brauche ich viel Selbstbewusstsein, meinen Ideen zu vertrauen. Dabei brauche ich unbedingt auch die Zweifler an meiner Lebensart, denn erst diese zeigen mir, ob ich auf dem richtigen Weg bin. Gleichgesinnte bringen mich daher auch nur dann zum Wachsen, wenn ihr Leben einen Unterschied zu meinem macht. Klarheit bedeutet in diesem Fall nachzuspüren, ob ich mich in dem Geschehen wohlfühle, also glücklich bin.

Für mich ist Leichtigkeit eine Grundausrichtung jedes Lebens, ja, jeder Bewegung im Universum. Sie hängt eng damit zusammen, Energie optimal einzusetzen. Deshalb sind

Gewohnheiten im Leben die Grundlage für die allermeisten Handlungen. Jedes Mal neu denken und entscheiden verbraucht zu viel Energie. Doch Gewohnheiten führen oft in eine Falle, sie lassen uns erstarren. Sie zu hinterfragen und zu prüfen gelingt dann, wenn mein Denken klar ist und ich Lust habe, der Neugier zu folgen und etwas anders zu machen. Dann wird die Starre von Leichtigkeit abgelöst. Diese Leichtigkeit zeigt sich im Alltag. Ich brauche beispielsweise keine Energie, um Dinge anzuschaffen, sie zu pflegen, den Raum dafür bereitzustellen und irgendwann auch wieder zu entsorgen. Ich liebe leere Räume, in denen ich mich frei bewegen kann. Und natürlich die Leichtigkeit, mit Handgepäck umzuziehen.

Auch in der Ernährung: Leichtigkeit. Gekocht habe ich noch nie. Für den Morgen gibt es Müsli und Bananen. Dazu gern Apfelsinen, Studentenfutter und ab und an Schokolade. Eine warme Mahlzeit esse ich besonders in Berlin gern außer Haus. Dort kann ich jeden Tag in einem anderen Land essen, preisgünstig und gut. Und wenn es passt, zwischendurch ein Brötchen, einen Kakao oder Cappuccino mit Kuchen. Mein Bauch entscheidet, und mein Gewicht ist schon seit Jahrzehnten ähnlich.

Ein spezieller Aspekt am Minimalismus erfreut mich immer wieder, nämlich die Kreativität im Umgang mit den wenigen Dingen, die Möglichkeit, gerade technische Geräte multifunktional zu nutzen. Optimal ist das iPad, mit dem ich mit der Welt verbunden bin, kommuniziere, schreibe und zeichne, fotografiere und filme, Bücher lese, Musik höre, Notizen mache, mir den Weg anschaue, Tickets finde und buche und noch einiges mehr.

Minimalismus ist für mich weniger eine Lebenseinstellung als meine natürliche Lebensstruktur. Mit dieser Struktur lebe ich gern, gerade auch dann, wenn sie mich immer wieder vor neue Aufgaben stellt. Das ist jedoch mehr als okay, wenn es darum geht, auch Lösungen für Weltprobleme wie Ressourcenmangel oder Abfallüberfülle zu finden. Das Leben ist komplex, jeder Mensch ist und war einzigartig und eingebunden in die unüberschaubare Vielfalt dieser Erde und die wiederum in die Vielfalt des Universums. Diese unendlichen Unterschiede sind die Voraussetzung für jegliche Entwicklung, also auch die des Lebens.

Komplexität ist also immer da, auch wenn Minimalismus Einfachheit verspricht. Schwierig wird es dadurch, dass Menschen oft *komplex* mit *kompliziert* verwechseln. Das heißt, sie empfinden die Komplexität als kompliziert. Das wird sie jedoch nur dadurch, dass ich versuche, sie zu beherrschen – auch im eigenen Leben. Beherrschen bedeutet Manipulation oder Anpassung. Hierzu muss ich aus meinem »WinWinWin« herausgehen und werde damit auch zum Spielball der Kompliziertheit anderer. Das ist zunächst einmal eine ganz natürliche Verhaltensweise, weil wir immer noch dem Millionen Jahre alten Impuls folgen, durch Druck auf oder Anpassung an das Rudel zu überleben. In einer Welt, in der es fast neun Milliarden Menschen gibt, ist dies allerdings unmöglich. Aus diesem Grund sehe ich das Selbstsein als Basis zum Überleben, und die Rudel werden zur Menschheit.

Für mich bedeutet das: Mein Umgang mit Komplexität ist so, dass ich die Chancen der Unterschiede nutze, indem ich deren Möglichkeiten erkenne und mich entscheide, damit mein Leben zu gestalten. Neugier und Lernen helfen mir. Sie erhöhen zwar die Komplexität, doch mein Leben wird durch sie klarer und leichter.

»WinWinWin«: Selbstsein – Verbundensein – Kooperieren

Es ist bereits an einigen Stellen angeklungen, doch da es für das Verständnis, wie ich zum Minimalisten wurde, ganz wesentlich ist, möchte ich hier noch einmal darauf eingehen, mit welcher zentralen Erkenntnis der Minimalismus mein Leben wirklich verändert hat.

Der wichtigste Begriff hierbei ist für mich das Wohlfühlen. Nur wenn ich mich wohlfühle, kann ich auch zum Wohle anderer leben und Entscheidungen treffen. Im Laufe meines zweiten Lebens habe ich mich immer intensiver mit dem Neuesten aus Hirnforschung, Psychologie und Verhaltensforschung befasst, mich selbst immer wieder hinterfragt und dadurch sehr viel Klarheit gewonnen. Nur deshalb kann ich meinen Weg auch in diesem Buch beschreiben.

Wie scheinbar belanglos solche Momente sein können, in denen man in Wirklichkeit jedoch einen erheblichen Zugewinn an Klarheit hat, zeigte mir eine kleine Episode, die sich in Bonn zutrug und die mir immer im Gedächtnis geblieben ist: Eine Bekannte bat mich, für ihre Großmutter im Krankenhaus in der Nähe meiner Wohnung eine Tüte Weintrauben zu besorgen. Wichtig war: Es sollten die kleinen gelben, kernlosen sein. Und dann stand ich mit einer Tüte in der Hand vor dem Bett einer alten kleinen Frau und war sprachlos. Da strahlten mich über 80 Jahre Leben an, und sie freute sich so sehr über mein Auftauchen mit ihren Lieblingstrauben, dass es körperlich spürbar war. Das war Freude pur. Ich besuchte sie in der nächsten Zeit häufiger, und wir sprachen über viele Dinge miteinander. Ein Satz von ihr beeindruckte mich nachhaltig, weil er ihre Haltung für mich so deutlich ausdrückte: »Ich habe mich vor einigen Jahren entschieden, dass sich meine Mundwinkel nach oben verändern.«

Vor allem in dem Moment, in dem sie diesen Satz sprach, war das Glück spürbar, fast mit Händen zu greifen. Ich fing an, darüber nachzudenken. Glück ist ein oft benutztes Wort und wird in zwei Bedeutungen verwendet: einerseits als ein Ereignis, welches mich von außen erreicht – sehr oft überraschend.

Ein Gewinn, ein Geschenk, ein freundliches Gesicht im Vorübergehen, ein Geschehen zu meinen Gunsten, auf das ich keinen Einfluss habe. Und andererseits als das Wohlfühlen in mir, das die Botenstoffe des körpereigenen Motivationssystems erzeugen.

Da Glück von außen also nicht beeinflussbar ist, spreche ich lieber über den Begriff des Wohlfühlens, denn dafür können wir selbst sorgen. Ich brauche dieses Wohlfühlen, damit mein Tun gut wird. Wenn das Wohlfühlen fehlt, bleiben Dinge unerledigt im Kopf. Also werde ich aktiv, damit sich das Wohlfühlen einstellen kann.

Die Botenstoffe, die im Körper für das Wohlfühlen sorgen, sind für mich mit den drei Zuständen des Wohlfühlens verbunden: Selbstsein mit Dopamin, Verbundensein mit Oxytocin und Kooperieren mit Serotonin. Diese drei werden im Volksmund auch Glückshormone genannt. Im Zusammenhang mit Aktivität verstehe ich dann auch den Satz: Jeder ist seines Glückes Schmied.

Im Erkennen meiner Aktivitäten zum Wohlfühlen ist die zunehmende wissenschaftliche Beschreibung des Motivationssystems, das in jedem Menschen wirksam ist, immer wichtiger geworden. Denn mit ihm stehen uns die schon genannten Botenstoffe zur Verfügung, die Aktivität unterstützen und uns sogar dazu auffordern. Genau das sehe ich als eine Chance, die Welt zu einem friedlicheren und gerade für zukünftige Generationen auch überlebensfähigen Ort zu machen. Sie wird damit, wie ich es nenne, enkeltauglich. Für mich ist das heute schon bei vielen jungen Menschen erkennbar, was mich ungemein freut. Diese sind einfach aktiv für ihre Mitwelt. Noch sind es allerdings nur wenige, die Enkeltauglichkeit deutlich leben, und sie handeln auf ganz unterschiedlichen Aktionsfeldern. Es bedarf innerer Klarheit, sich so auf die Zukunft auszurichten. Doch für eine Veränderung braucht es nur einige wenige, die damit anfangen, um auch den anderen durch gelebte Argumente vorzuleben, dass dieser Weg sich gut anfühlt. Enkeltauglichkeit bedeutet Zukunftsfähigkeit und fordert zum Nachdenken und Handeln auf.

Im Rückblick sehe ich, dass ich mir intuitiv immer schon Nischen gesucht habe, Wohlfühlen leben zu können. Die entscheidende und bis heute anhaltende Nische ist das Leben mit Wesentlichem, für das sich der Begriff Minimalismus etabliert hat. Dazu gehört die Erfahrung, dass es keine Trennung zwischen innen und außen gibt. Innere Klarheit braucht und bringt Klarheit im Außen, genauso wie Liebe die Selbstliebe braucht. Dann kam noch etwas dazu: Der friedliche und sorgsame Umgang mit mir selbst ermöglicht es mir, auch so mit der Mitwelt zu leben. Das ist es, was ich »WinWinWin« nenne: Tue Gutes für dich, für andere und für das Ganze.

Selbstsein

Was aber bedeutet »Tue Gutes für dich«? Vielleicht fallen dir Beispiele für Menschen ein, die immer nur für ihren eigenen Vorteil sorgen, egal was mit anderen ist. Ja, solch eine Verhaltensweise ist verbreitet, denn dem Dopamin ist der Wert hinter der Aktivität egal. Doch es kann schon etwas verändern, wenn ich gegen solche Aktivität Einspruch einlege und deutlich mache, dass jeder Mensch einen Anspruch auf Wohlfühlen hat. Meistens prallen dann allerdings zwei unversöhnliche Meinungen aufeinander, und es kommt bestenfalls zu Kompromissen statt Kooperationen.

Ohne Zweifel sind auch Kriege dadurch entstanden, dass der Kompromiss ausblieb.

Für mich ist es ganz wichtig, meine Lebensräume selbst zu gestalten, um mir selbst Gutes zu tun. Das ist auch die Aktivität, zu der mich das Dopamin in meinem Körper animiert. Auf diese Weise entsteht mein Selbstsein. Und es entsteht eine echte Alternative zu den vielen materiellen und immateriellen Dingen. Das Motto lautet: Sein statt Haben. Eins jedoch muss noch dazukommen: Mein Selbstsein darf andere nicht schädigen, sondern soll auch ihnen und der Welt guttun. Wenn das der Fall ist, passt es.

Diese Art des Selbstseins, das unbedingt den anderen mit im Blick hat und respektiert, begann für mich bewusst mit den Selbsterfahrungsgruppen in den 1980er- und 1990er-Jahren. Ich lernte dort immer wieder Konzepte kennen und hörte Anweisungen, die ich prüfte und letztlich verwarf. Schließlich begann ich selbst zu entdecken, wie Menschsein geht: Der entscheidende Unterschied liegt darin, ob du agierst oder nur reagierst. Für beide Verhaltensweisen hat unser Organismus ein eigenes System. Erst wenn du entdeckt hast, dass Entscheidungen treffen und agieren dich ins Selbstsein bringen, kannst du dem Wohlfühlen einen wichtigen Schritt näher kommen.

Ich habe es weiter vorn im Text schon umrissen, aber weil es so wichtig ist, möchte ich es noch einmal aufgreifen und vertiefen. Was heißt »Selbst« für mich? Wie verwende ich es?

Das Selbst besteht aus dem Erbe, den Lebenserfahrungen und den Vorstellungen des Einzelnen. Bereits ab der fünften Schwangerschaftswoche machen wir Erfahrungen, die sich im Laufe eines Lebens mit den Vorstellungen verändern. Dadurch wird ein Bild von dir selbst und deiner Mitwelt geschaffen. Und auch dein Erbe sind nur Möglichkeiten, von denen nie alle aktiv sind. Sie ermöglichen dir, unter unterschiedlichen Lebensbedingungen ein in Millionen Jahren erprobtes Verhalten zu aktivieren. Wie wir mit Unbekanntem umgehen, kann auf zwei ganz verschiedene Weisen passieren. Zum einen ist da die Situation, in der du im Äußeren etwas wahrnimmst, das dein Selbstbild zu gefährden scheint. Zum Beispiel eine unbequeme Anweisung oder ein Ereignis wie beispielsweise eine Gefahr. Dann reagierst du darauf. Die bessere Alternative für das Selbstsein ist jedoch: Folge deiner Neugier, denn durch sie erkennst du Neues als einen spannenden Unterschied zu dem, was du schon kennst. Indem du dann aus der Erkenntnis des Unterschiedes Handlung entstehen lässt, kommt es zur positiven Wechselwirkung. Dein Selbst wird reicher an Erfahrung. Beachten musst du dabei, dass die Reaktion auf die Unterschiede immer in Richtung Ausgleich geht und erst dadurch Neues entstehen kann. Das kann zur ebenfalls bereits besprochenen Falle werden, wenn du Richtung mit Ziel verwechselst, du zur Harmoniesucht neigst oder beständig deinen Teil des Unterschiedes als richtig verteidigst. Tatsächlich jedoch sind Unterschiede pure Lebendigkeit.

Warum es wichtig ist zu verstehen, was Unterschiede auslösen können, zeigt ein gesellschaftlicher Blick zurück: Die Bewegungen in den 1980er-Jahren – für mich besonders die Umweltbewegung – erzeugten eine andere Sicht auf meine Welt, also einen Unterschied im Kopf, und ich verstand ihn gut. Das ist die positive Wirkung des Unterschiedes: Ich überprüfe meine Haltung anhand anderer Haltungen, ganz vorurteilsfrei und immer neugierig.

Doch es gab auch eine andere Auswirkung, das spürte ich recht schnell. Je mehr Unterschiede ich sah, desto empfänglicher wurde ich für die Drohungen dahinter. Drohungen, die vor allem darin steckten, dass mir suggeriert wurde, die ganzen Vorschläge auch unbedingt leben zu müssen, um kein schlechter Mensch zu sein. Heute ist mir klar, dass diese von außen kommenden Ideen Adrenalin für ihre Umsetzung erzeugt haben. Doch je umfangreicher sie wurden und wenn sie auf andere Lebensbereiche übergriffen, desto unmöglicher wurde es, alle auch umzusetzen. Die Folge: Es blieb ein steter Überschuss an Adrenalin. Anders und deutlicher gesagt: Ich war plötzlich im Stress, weil ich überfordert war, all den guten Ideen zu folgen. Dazu kamen die Signale von außen, ein ständiger Druck, der aufgebaut wurde: Du bist schlecht, du schaffst es nicht. Ich resignierte und wurde darüber ganz pragmatisch, tat nämlich nur noch, was für mich wirklich möglich war. Und siehe da: Ich entdeckte mehr und mehr die Leichtigkeit, die genau dabei entsteht. Ich entdeckte die Notwendigkeit der Entscheidung, die Unumgänglichkeit, Positionen zu haben.

Positionen sind in diesem Sinne vor allem die immateriellen Dinge, für die ich mich entscheide. Also *für* Gesundheit statt gegen Krankheit. *Für* Freiheit statt gegen Enge. *Für* Raum und Energie statt gegen viele Dinge. Ich musste den Unterschied zu Negationen erst erfahren, um zu lernen, was im Unterschied dazu an einer klaren Position so wichtig ist. Es geht mir heute immer um ein »Für« und nie um ein »Gegen«. Erst diese Denkweise macht mich im Kopf frei und befähigt mich zu Entscheidungen, die mein Leben verbessern. Gerade auch im Hinblick auf das Thema des Minimalismus ist es mir sehr wichtig, dass du als Leser das verstehst. Wenn ich ein materielles Ding weggebe, weil ich festgestellt habe, dass ich es nicht mehr brauche, entscheide ich mich damit nicht gegen dieses Ding, sondern ich entscheide mich dafür, mir noch mehr Freiheit zu erlauben. Ich mag heute Menschen, die sagen, was sie wollen, und nicht darüber klagen, was sie alles nicht wollen. Ich verstehe sie sofort, und es erlaubt mir eine klare Antwort. Wer immer nur sagt, in welche Richtung er *nicht* will, hat damit längst noch kein klares Ziel vor Augen.

Verbundensein

Verbundensein gehört zum Wohlfühlen unbedingt dazu. Nachdem ich den Schritt des

Selbstseins erfolgreich gegangen war, merkte ich jedoch auch, wie schnell ich mit meinem Verbundensein in die Falle der Anpassung und Selbstaufgabe geriet. Hier gibt es gewissermaßen ein riesiges Übungsfeld für mich als Mensch, das Verbundensein produktiv zu nutzen, indem ich mich auch hier immer wieder für eine der vielen Möglichkeiten entscheide, die sich mir bieten.

Prinzipiell ist Verbundensein ganz neutral auf den anderen ausgerichtet, wir nehmen ihn mit seinen Emotionen wahr. Ich erinnere mich an die ersten Jahre mit meinem Sohn, den ich damals ausschließlich trug, und an diesen engen Kontakt, durch den wir beide sofort spürten, was beim anderen los war. Auch heute merke ich generell, auch im Hinblick auf andere Menschen, dass da deutlich mehr Wahrnehmung vorhanden ist, als die fünf oder auch sieben Sinne, die meist genannt werden.

Beruflich schätzte ich das Verbundensein mehr und mehr, denn es ermöglichte, ein besseres Ergebnis für alle Seiten zu erreichen. Als Energieberater wusste ich im Gespräch mit potenziellen Kunden nach kürzester Zeit, ob ein Auftrag möglich war. Die entscheidende

Frage war immer, ob das Gespräch beim Start-thema Technik blieb oder ob wir schon bald von Menschen und Mitwelt sprachen. Wenn Letzteres der Fall war, geschah diese Veränderung ungeplant, wir verstanden uns einfach, waren verbunden. Die Aufträge begannen dann in der Energie von »Mach mal«. Und es waren sehr gute Kooperationen.

Am intensivsten merke ich Verbundensein in Begegnungen mit Du-Botschaften, mit Offenheit, wirklichem Zuhören und in Begegnungen ohne Erwartungen. In Momenten, in denen Menschen sagen, was sie wirklich mögen. Es ist eine Herausforderung und dann doch spürbare Erleichterung, auch den anderen so wahrzunehmen. Ich kann dieses Wohlfühlen nicht planen, es geschieht einfach. Egal ob mit Frau oder Mann, Jung oder Alt, in deutscher oder englischer Sprache. Meine wichtigste Erfahrung für das Gelingen: Ich bin offen und darf vom anderen nichts wollen, auch nicht subtil.

Und was ist mit Liebesbeziehungen? Als ich 2008 nach Berlin kam, lernte ich kurze Zeit später eine Frau kennen. Sie schaute sich mein Zimmer an und sagte: »Aber nicht in der Hängematte!« Also kaufte ich eine Futonmatratze, klappbar, auch zum Sitzen. Das Ende dieser Beziehung war auch das Ende des Bettes, ich verschenkte es.

Mit der Zeit lernte ich: In einer Beziehung leben geht dann, wenn beide ihren individuellen Raum genießen und sich auf der Grundlage dieser entspannten Freiheit in Ruhe begegnen können. Ich kann andere sie selbst sein lassen, das klappt gut, weil es für mich gleichzeitig auch sehr spannend und herausfordernd ist. Die Optimierung der materiellen Dinge hat dabei meist zur Folge, mehr Zeit miteinander zu haben, und das ist für eine Liebesbeziehung natürlich ein unschätzbarer Vorteil. Hier zeigte sich interessanterweise auch, dass dieses »mehr Miteinander« ansteckend ist. Es hat zur Folge, dass der Partner selbst ebenfalls seine Dinge optimiert. Und zwar, ohne dass ich etwas dazu sage.

Für Beziehungen gilt in diesem Sinne ebenfalls das Prinzip von »WinWinWin«: Tue Gutes für dich, für deinen Partner und für die Beziehung. Selbstsein dabei – das konnte ich lernen.

Meine beiden längsten Beziehungen gingen über jeweils sieben Jahre. Spüre ich heute zurück, wird mir klar, dass ich das Potenzial dieser beiden Beziehungen in den ersten Momenten der jeweiligen Begegnungen erkannt habe. Wir erlebten unsere Unterschiedlichkeit als Bereicherung. Selbstsein, Verbundensein und Kooperieren waren einfach da. Andere, kürzere Beziehungen hatten als Beginn Attraktivität, Neugier, Sehnsucht und Mangel. Das ist in Ordnung, doch diese Basis hält sehr viel kürzer. Das Ergebnis ist, dass ich heute nur noch Begegnungen mag, bei denen ich dann vollkommen präsent und ganz da bin.

Kooperieren

Die aus dem Motivationssystem mit den Glücksstoffen Dopamin, Oxytocin und Serotonin abgeleitete Haltung des »WinWinWin« sagt uns vor allem immer dieses eine: Tue Gutes für dich, für andere und für das Ganze. Der Begriff des Ganzen kann dabei beispielsweise für eine Beziehung, ein Team, ein Projekt, eine Unternehmung oder auch die ganze Welt stehen.

Kooperieren, die dritte wichtige Haltung beim »WinWinWin«, ist damit auch deutlich mehr als nur bloße Zusammenarbeit. Kooperieren ist in uns selbst angelegt, es ist unser Erbe, unsere Grundausstattung für diese Welt. Als Kleinkinder beginnen wir, die Großen zu beobachten und ihr Verhalten durch Nachahmung zu erlernen. Ist bei den Großen im nahen Umfeld jemand, der mit Egozentrik, Selbstaufgabe oder Ausnutzung erfolgreich ist, verändert sich diese kooperative Grundhaltung in uns, sie wird schwächer oder kann sich sogar ins Gegenteil verkehren. Doch keine Angst, unser Gehirn ist bis ins hohe Alter flexibel und wir können lernen. Folgen wir dem Wohlfühlen, dann entdecken und leben wir auch das Kooperieren ganz schnell wieder.

Immer wieder stehen bei mir Entscheidungen an, die eine Zeit der Überlegung brauchen und schwierig sind. Seit einiger Zeit prüfe ich bewusst die in solchen Momenten vorhandenen Wahlmöglichkeiten dahin gehend, ob sie Räume für Aktivitäten des »WinWinWin« ermöglichen. In der Regel stelle ich dann erstaunt fest, dass die Ahnung für diese Richtung der Entscheidung schon vorher ganz leise und andeutungsweise in mir war. Obwohl also die Entscheidung schwierig schien, *wusste* ich eigentlich die ganze Zeit, was ich will. Wenn es dann tatsächlich auch für mich, für andere und für die Welt passt, ist das für mich immer wieder eine Bestätigung.

Kooperieren bedeutet, sich klar für die Verantwortung für sich, für andere und für das Ganze zu entscheiden. Um das zu verinnerlichen, habe ich gelernt und lerne es immer wieder aufs Neue, was Verantwortung bedeutet. Ich lerne es mit Selbertun, Ausprobieren, freiem Spielen, Fehlermachen, Kreativsein, Gruppenarbeit, selbst gewählter Aufgabenteilung sowie Abwertungsfreiheit.

In meiner Erinnerung kann ich bis zur Kindheit zurückgehen und Kooperieren finden, auch wenn ich es nie so nannte. Es ging beispielsweise um spontane Hilfe, ums Tauschen, Teilen, Schenken und Unterstützen. Meist zur Überraschung der anderen. Ich tat es immer einfach so und fühlte mich wohl. Der Hintergrund dafür war und ist, den anderen gut zu verstehen, ihn aus einer wohlwollenden Haltung heraus zu erkennen. Hinschauen, zuhören und eigene Vorbehalte klären gehört unbedingt dazu. Für mich geht das am besten, wenn ich es mit mir selbst übe. Irgendwann reagiert das Gegenüber immer wohlwollend, auch wenn es vielleicht erst einmal zögert. Wir bemerken dann: Da öffnet sich etwas. In diesem Moment kommt in unserem Körper Oxytocin für das Verbundensein hinzu. So tickt der Mensch einfach.

Kooperieren heißt für mich vor allem: Tue Gutes für das Ganze. Im Beruf führte es oft zum Erstaunen meiner Partner und letztlich doch zum Gelingen des Ganzen. Besondere Irritationen löste ich aus, wenn es um mein Honorar ging, denn dort handelte ich immer nach dem Ansatz: Zahle, was du magst. Natürlich gab es Menschen, die sofort misstrauisch wurden, ob eine Zusammenarbeit auf dieser Basis funktionieren könnte. Doch meist gab es ein kreatives Gespräch dazu und im Anschluss zufriedene Kunden und lang anhaltende Kooperationen.

Kooperieren bedeutet auch deutlich mehr als »Geben und Nehmen«, obwohl genau das oft als notwendige Bedingung für Kooperationen genannt wird. »Geben und Nehmen« kann durchaus Bestandteil des Kooperierens sein, jedoch nur als eine freie Möglichkeit. Entscheidend ist: Wir kooperieren aus unserem Motivationssystem heraus, es liefert Serotonin dafür zum Wohlfühlen. Deshalb hinterfrage ich den Begriff des Altruismus, der scheinbar in meine Richtung zielt – für mich jedoch etwas ganz anderes meint. Der Unterschied, kurz gefasst, liegt darin, dass Altruismus Selbstlosigkeit bezeichnet, während es mir um Selbstsein geht. Für mich ist Altruismus damit eine Sackgasse, die von Ideologien und Religionen benutzt werden kann, um Menschen zum Verzicht aufs Selbstsein zu bewegen. Damit sind sie dann leicht beherrschbar, was sowohl kirchlichen als auch politischen Führern natürlich gut ins Konzept passt.

Ein weiterer Vorteil des Kooperierens: Manipulation verschwindet. Es gibt sie einfach nicht mehr, diese direkte oder auch subtile Art, seine eigenen Werte und Bedürfnisse durchzusetzen. Alle Beteiligten sagen, was sie mögen, nachdem sie dies für sich geklärt haben. So liegen diese Wünsche offen, Rechthaberei löst sich auf, und Neues kann auftauchen. »Auftauchen« ist hier bewusst gewählt, denn es ist Emergenz, die aus Unterschieden das Neue entstehen lässt, und Emergenz bedeutet übersetzt nichts anderes als Auftauchen. So war es in der Evolution schon immer.

Ein Teil unseres Wesens ist die Fähigkeit, durch Nachmachen zu lernen. Durch einfaches Anschauen und durch Wiederholung. Im Leben erproben wir das Erlernte dann und wirken damit. In diesem Sinne reicht es häufig, Dinge vorzuleben, um wirksam zu sein. Das hat den Vorteil, dass jedem Menschen die freie Wahl und Entscheidung bleibt, ob er das Vorgelebte auch lernen mag.

Schaue ich mir heutige Aktivitäten an, die der Ökobewegung von einst ähneln, so fehlt erfreulicherweise meist der Zeigefinger. Ich denke da an junge Parteien, Start-ups, Arbeitsgruppen, Co-Worker, Veganer oder eben auch Minimalisten. Ich beobachte dabei häufig, dass junge Menschen sich für eine Aufgabe oder ein Projekt zusammenfinden, ohne gleich eine neue Gruppe, einen Verein oder eine klassische Bewegung gründen zu müssen. Sie lösen sich auch wieder auf, und es bilden sich neue Zusammensetzungen. Es ist so, als ob die Menschen einfach handeln und sich dabei wohlfühlen. Deshalb gebe ich diesen Aktivitäten eine Chance, sie tun sowohl dem Individuum gut als auch der Mitwelt. Und dabei ist es egal, ob es um das Leben mit Wesentlichem, das Leben ohne tierische Produkte, das Leben ohne Abfall oder andere Ideen geht. Es sind Nischen auf der Welt, die noch einen individuellen Gestaltungsraum im Sinne von »WinWinWin« ermöglichen. Gefährlich wird

es nur, wenn Scheuklappen entstehen und/
oder gesetzliche Vorgaben daraus hervorge-
hen. Dann wird es eng mit dem frei zu gestal-
tenden Raum.

Mein drittes Leben: der Nomade

Ich bin jetzt 68 Jahre alt, noch 32 Jahre bis 100, jede Menge Zeit also. Für mich fühlt es sich derzeit wie ein drittes Leben an, und genau so will ich es auch leben. Schließlich ist Zukunft die Zeit, die ich gestalten kann. Manchmal fragen mich die Menschen, wie ich denn so mit dem Alter umgehe. Die Antwort ist einfach. Für mich geht es darum, die 68 und jede kommende Zahl an Jahren als solche wahrzunehmen und zu lieben. Darum, mich zu spüren und dabei zu entdecken, wo es zwackt und vielleicht auch Veränderung braucht. Mein Alter sagt mir: Bewege dich, lerne Neues, zeige dich und spüre nach, was dir jetzt guttut. Dann ergibt es sich von ganz allein. 68 zu sein heißt auch: Das Lächeln über die Dinge wird mehr. Diese Einstellung zahlt sich aus. So hörte ich bei einer Herzuntersuchung von der Ärztin nur die Worte: »Auf Wiedersehen in 20 Jahren.« Ich denke also wenig an mein Alter und lebe einfach weiter aktiv. Bisweilen erinnert mein Körper mich von ganz allein daran, dass ich keine 20 mehr bin, dann lasse ich es einfach langsamer angehen. Ich genieße mittlerweile spontane, langsame Bewegungen. Das alles gehört einfach zum Selbstsein in meiner Altersstufe.

Wir sollten uns ohnehin klarmachen: Die Zeit über 65 als aktiv gestaltbar zu erleben ist relativ neu in der Menschheitsgeschichte. Doch schaue ich mich um, erlebe ich auch immer noch eine Kultur, die Alter wie eine Behinderung behandelt. In dieser überkommenen Vorstellung manifestieren sich leider auch echte Geschäftsinteressen.

Für mich gibt es jetzt eine Gleitsichtbrille. Eine rahmenlose, weil ich einfach kein gelbes Gestell fand, das mich wirklich ansprach.

Durch meine Einstellung wirke ich oft jünger, und ich gebe gern zu, dass es mir gut gefällt, wenn Menschen erstaunt über mein Alter sind und mich jünger einschätzen. Zum Jahreswechsel 2017 bekam ich eine E-Mail von meiner Mutter mit dem aufmunternden Satz: »Immer schön neugierig bleiben!« So ist sie auch selbst, und sie lebt es vor mit ihren 98 Jahren.

Der Renteneintritt war ein wichtiger Einschnitt. Ich begriff diesen Zeitpunkt als ideal für einen Versuch, mein Leben noch einmal grundlegend zu verändern. Ich nenne es »Nomade sein«. Das Zimmer in Berlin gab ich auf und lebte im Winter auf Madeira. Es wurden allerdings nur drei Monate daraus, bevor ich aus Langeweile nach Lissabon flog. Dort wiederum spürte ich, was mir wirklich Freude macht: die Stadt erkunden. Dabei konnte ich auf die Zugewandtheit vieler Menschen setzen, die mir gern zeigen wollten, wo ich die Sehenswürdigkeiten finde, auch wenn diese mich wenig interessierten. In einem dieser Gebäude war ich allerdings mehrmals, nämlich deshalb, weil dort die Universität die Abschlussarbeiten der Designer zeigte. Das zog mich so an, weil es mich sehr begeistert, wenn ich junge Menschen mit neuen und kreativen Ideen erleben kann. In einer für mich unbekannten Stadt suche ich mir immer zuerst die Co-Working-Plätze, gehe dorthin und frage nach Neuem in der Stadt. Die genannten Adressen besuche ich dann und frage nach weiteren. So komme ich immer von einer schönen Überraschung zur anderen und staune sehr, was sich so zeigt.

Ich erinnere mich etwa an einen Laden in Lissabon, der mir empfohlen worden war. Das

Geschäft sah sehr neu aus, einladende helle Brauntöne mit weißen Elementen im Raum lockten mich sofort hinein. Metall blitzte im Hintergrund, ein angenehmer Duft nach Kakao hing in der Luft. Der Laden hatte erst eine Woche zuvor eröffnet, importierte fair hergestellten und gehandelten Kakao, der dann selbst bearbeitet wurde. Es sah alles einfach richtig gut aus, was ich auch direkt kundtat. Da man Schokolade ja auch die Eigenschaft nachsagt, Energielieferant zu sein, musste ich spontan an Einsteins berühmte Energieformel $E = mc^2$ denken und hatte eine Idee. Ich zeigte die Formel, bekam überraschte Blicke und schrieb meine auf den Laden bezogene Variante auf einen Zettel: Energy = Milk x Cocoa^2. Große Freude war die Reaktion, die Formel wurde sofort auf die Wandtafel geschrieben, und ich bekam einen Kakao zum Trinken und einen Schokokuchen. Und neue Adressen.

Was mich in Portugal überrascht hat, war die Tatsache, dass ich mit sehr vielen Menschen Englisch sprechen konnte. Die App auf dem iPad, um Portugiesisch zu lernen, löschte ich deshalb bald.

Für mich sind diese Erlebnisse ein gutes Zeichen für Europa: eine aktive Generation, die einfach europäisch lebt. Viele dieser jungen Menschen kennen es nicht anders und sind erstaunt, was politisch gerade passiert. Genau dieses aktuelle Geschehen bringt mich zu dem Gedanken, dass ich am besten durch Vorleben unterstützen kann. So versuche ich, aktiven, meist jungen Menschen mein Wohlwollen zu zeigen und zu fragen, ob ich etwas für sie tun kann.

Hindernisse

Wer denkt, er könne einfach so aus Deutschland verschwinden, der wird durch die Bürokratie des Landes immer wieder eines Besseren belehrt. Bevor ich also portugiesische Cafés und ähnlich schöne Dinge erleben durfte, gab es ein paar scheinbar einfache Dinge zu erledigen. Ich dachte jedenfalls, sie seien einfach, doch täuschte ich mich.

Da ist etwa die Sache mit einer Adresse in Deutschland. Das neueste Meldegesetz macht es unmöglich, eine Meldeadresse zu haben, ohne die Absicht, dort auch zu wohnen. Also kündigte ich mein Zimmer und meldete mich ab, besprach das jedoch schon vorab mit dem

Finanzamt, der Rentenversicherung und der Krankenkasse. Letztlich ging es dabei um den schwierig zu definierenden »gewöhnlichen Aufenthaltsort«, in meinem Fall Deutschland. Wir vereinbarten, dass meine bisherige Meldeadresse als Postadresse bestehen bleiben sollte, bis es eine neue Meldeadresse gibt. Der informierte Vermieter leerte den Briefkasten und benachrichtigte mich, wenn etwas Wichtiges bei der Post war. Es kam ein Schreiben vom Postrentenservice mit dem Hinweis, dass meine Rentenzahlung eingestellt sei. Fast gleichzeitig kündigte mir die Krankenkasse, weil ich als freiwillig Pflichtversicherter ohne festen Wohnsitz in Deutschland keiner Versicherungspflicht unterläge. Ich war geschockt, denn beide Einrichtungen hatten die automatische Benachrichtigung der Meldestelle erhalten. Es bedurfte so einiger Gespräche und Schreiben, um die Angelegenheit zu regeln, doch schließlich bekam ich auch das hin. Zumindest eine kurze Nachfrage von diesen Einrichtungen, bevor sie schwere Geschütze auffuhren und die vorherige Absprache ignorierten, wäre schon wünschenswert gewesen.

Doch zurück zum Plan des Nomadenlebens. Den Winter 2016/17 wollte ich in Südspanien verbringen, mit Málaga als erster Station. Auch dort ging ich assoziativ vor und suchte als Erstes einen Co-Working-Space auf, um von dort aus meine Fühler in die noch unbekannte Stadt auszustrecken. Mir gefiel der Name des Spaces, »The Living Room«, also klingelte ich und sagte einfach, ich wolle mich einmal umsehen. Der Betreiber kam aus Österreich, sodass wir uns auf Deutsch unterhalten konnten. Schnell wurden daraus zwei Stunden, in denen ich ihm auch einiges über die Co-Working-Szene von Berlin berichten konnte. Da diese für mich eine der interessantesten Keimstellen für Neues ist, beobachte ich sie sehr genau. Der Inhaber gab mir im Gegenzug Tipps, sodass ich in Málaga noch viele Start-ups und erfrischend anders gestaltete Läden finden konnte. Zu meinem Erstaunen erfuhr ich auch, dass der Bürgermeister diese junge Szene einlädt und unterstützt, ein Engagement, das ich mir auch von deutschen Kommunalpolitikern wünschen würde.

Ob Berlin, Lissabon, Málaga, ob Deutschland, Portugal, Spanien oder sonst wo: Mein Leben mit Handgepäck lädt geradezu dazu ein,

Nomade zu sein. Wie bei Nomaden üblich, bleibe ich gern länger an einem Ort, um ihn und die Menschen dort kennenzulernen. Eine immer wieder spannende Aufgabe ist es, mir ein Zimmer vor Ort zu organisieren. Im Augenblick nutze ich Hostels – auch ganz interessant und bei Buchungen für längere Zeit sehr günstig. Auf diese Weise war ich auch schon einmal mit Menschen aus vier Kontinenten gleichzeitig in einem Raum untergebracht. Solch eine Konstellation ergibt immer tolle und sehr erhellende Gespräche.

Nach viereinhalb Monaten in Südspanien ging ich wieder zurück nach Berlin. Ziemlich spontan, denn eigentlich hatte ich als Nächstes Barcelona auf dem Plan, eine Stadt, die ich unbedingt kennenlernen wollte. Doch ich merkte, dass das anspruchsvoller sein würde und eine andere Vorbereitung für einen längeren Aufenthalt brauchte.

Also erst einmal zurück nach Berlin, erst einmal wieder ins alte Zimmer. Es war frei und fühlte sich gut an. Genauso wie das Café Lehmbrucks und der Cappuccino dort zusammen mit dem Briebrötchen mit Birne und Feigensenf. Diese Vertrautheit überraschte mich im ersten Moment, war ich doch im vorigen

Jahr auf der Suche nach einer Café-Alternative gewesen, um Neues zu erleben. Jetzt spürte ich, dass das Lehmbrucks jetzt genau die richtige, ruhige Basis zum Ankommen war. Von hier konnte ich in Ruhe Gedanken spinnen, was ich in Berlin Neues unternehmen würde.

So taucht manchmal, oft nach dem Frühstück, die Frage auf: Was mache ich denn heute? Keine Verabredung, Wolken am Himmel und nach Schreiben ist mir auch nicht. In solchen Momenten spüre ich, wie sehr mein Kopf Beschäftigung sucht. Es passiert dann schon einmal, dass ich mich zur Ablenkung mit meinen Dingen beschäftige, sie auch einmal wieder aussortiere. Bei mir als Minimalist geht das natürlich schnell. Oder ich mache Gewohntes und gehe ein Stück, trinke einen Cappuccino im Café. Manchmal lege ich mich wieder hin, einfach so, komplett angezogen, und träume. Dann merke ich, wie beruhigend das auf die Gedanken wirkt, wie sie deutlich zurücktreten und ich ganz bei mir selbst bin. Wenn ich dann wirklich ganz bei mir bin, kommen auch die Ideen und Pläne für die nächste Zeit ganz von allein. Zum Beispiel den Mono, den Overall nach meinen Entwürfen, nähen zu lassen und einen Vertrieb zu finden.

Oder zu klären und eventuell zu unterstützen, wie weit die Pläne für das Co-Being-Haus der Tinyhouse University vorangeschritten sind. Oder auch das Treffen mit den Menschen der Visionautik, um zu klären, ob und wie ich mitmachen kann, ein Punkt, der mir schon lange wichtig ist. Neben einigen Terminen in Berlin reizt mich außerdem die Idee, Leipzig kennenzulernen und dort zu leben. So ruhe ich als Nomade in mir und bin gerade deshalb immer neugierig auf Neues.

Wenn ich anderen Menschen so von diesen Reisen im Speziellen und meinem Lebensstil im Allgemeinen erzähle, kommt natürlich häufig die Frage auf, wie ich das alles überhaupt finanziere. Leben ist schließlich teuer, oder? Und Reisen vor allem! Ich gehe mit diesen Fragen offen um, auch um Vorurteile abzubauen und Gerüchten vorzubeugen. Die Frage »Wovon lebst du?« ist ja sehr berechtigt.

Ich habe es im ersten Jahr meiner Rentenzeit mit der Grundsicherung probiert, diesen Versuch dann jedoch nicht verlängert. Es ist wie Hartz IV, nur habe ich am Ende keinen Job, sondern hüpfe direkt in die Kiste. Das will ich vermeiden, solange es geht.

Also sind da aktuell zwei Renten, eine aus Deutschland und eine aus den Niederlanden, wo ich zu Beginn meines Arbeitslebens gearbeitet habe. Beide zusammen liegen bei etwa 450 Euro. Um die Miete bezahlen zu können, arbeite ich zusätzlich noch mit Workshops und Vorträgen. Diese nüchternen Zahlen zeigen schon: Natürlich bringt mein Leben auch existenzielle Gedanken mit sich. Wie plane ich die Gegenwart, wie meine Zukunft? Es ist doch deutlich anders als früher, jetzt als Nomade mit dieser Rente von circa 450 Euro, dem Hinzuverdienen für die Miete und der Erfahrung, wie günstig Europas Süden ist. In solchen Momenten spüre ich meine alten Gewohnheiten aus über 30 Jahren Selbstständigkeit. Dort gab es im Hintergrund immer den Druck, dass die eigene Tätigkeit zunächst einmal zur Lebensfinanzierung dienen muss. Das ändert sich jetzt, es wird leichter und offener. Trotzdem bleibt noch der Traum, dass Menschen mich zu Dialogen und Workshops einladen und damit für Reise- und Unterkunftskosten meines Nomadenlebens gesorgt ist.

Manchmal taucht auch die Frage auf, ob mein Lebensstil wegen der Rentenhöhe so ist. Vor dem Hintergrund von Rentenreduzierungen und -anpassungen, Pflichtversicherung und vor allem Mietsteigerungen, die ein Auskommen heute herausfordernd machen, ist der Gedanke in der Tat naheliegend. Doch lebe ich ja bereits seit etwa 30 Jahren auf den Spuren des Minimalismus, sodass es vielmehr ein Fakt ist, dass diese Lebensweise zum knappen Budget des Rentners sehr gut passt. Es klappt auf jeden Fall, und ich nenne es einfach und zutreffend »AltersarMut«. Denn eines ist klar: Den Zahlen nach bin ich arm. Allerdings nicht erst jetzt im Alter, sondern schon die meiste Zeit als Selbstständiger. Zeiten, in denen das tägliche Leben gut zu leben war, hatte ich immer, doch blieb auch da kaum genug Potenzial für Altersvorsorge. Ich kenne sehr viele Menschen, denen es ähnlich geht, die jedoch in keiner Statistik auftauchen. Ich schreibe das Wort »AltersarMut« bewusst mit großem M, betone damit nämlich den Mut zu Armut und Alter. Es braucht diesen Mut, sich für ein selbst gestaltetes Leben zu entscheiden und es zu leben. Es braucht Mut, bei sich zu bleiben und Jammern und Schreckensnachrichten auszublenden, ohne sich abzuschotten. Und es braucht den Mut, sich damit zu zeigen. Eines hilft noch: Für Dinge müsste ich Energie, also Geld, aufwenden, sie zu kaufen. Energie für die Pflege und den Raum dafür. Und Energie, sie wieder zu entsorgen. Das alles erspare ich mir.

Im Zusammenhang mit dem Thema Lebensunterhalt werde ich auch häufig nach meiner Meinung zum Bedingungslosen Grundeinkommen gefragt. Diese Diskussion verfolge ich schon Jahrzehnte und bin überzeugt, dass es Menschen helfen kann, ihr Selbstsein zu leben. Jeder könnte die Aktivitäten pflegen, die er sehr gut kann, ohne davon leben zu müssen. Die unterschiedlichen Standpunkte zum Grundeinkommen sehe ich darin begründet, wie die Menschen sich selbst sehen und wie sie als Kind aufwachsen konnten. War Selbstvertrauen möglich, haben diese Menschen gelernt, Selbstsein zu leben. Für sie wäre das Grundeinkommen wirklich die Basis zur persönlichen Entfaltung. Ohne dieses Selbstvertrauen braucht es immer äußere Impulse zum Tun. Für viele dieser Menschen würde ein Jahr Auszeit Wunder wirken, um zu spüren, wer sie wirklich sind. Und dann intensiv zu machen, was sie schon immer machen wollten. Ich persönlich habe das Grundeinkommen von Anbeginn als Chance gesehen, und heute weiß ich sicher, dass es den Raum für die Aktivitäten zum Wohlfühlen, also »WinWinWin«, ermöglichen würde. Der Antrieb dazu kommt durch unser Motivationssystem. Es könnte auf lange Sicht einmal meine Rente ersetzen.

Einladung an den Leser:
Gestalte dein Leben selbst!

Dieses Buch soll vor allem eine Einladung sein. Ich bin nicht auf missionarischen Pfaden, will niemanden von meiner Lebenseinstellung überzeugen oder gar überreden. Die Einladung an dich als Leser besteht darin, dein Leben selbst zu gestalten. Dich mit anderen Menschen auszutauschen, zu kooperieren und zu vernetzen. Das Einzige, was du dazu brauchst, ist das Wissen, wer du bist. Denn – ich habe es schon geschrieben – es gibt nichts Schöneres auf der Welt als Menschen, die wissen, wer sie sind, und dann sagen, was sie möchten.

Indem ich hier meine Erfahrungen aus den letzten Jahrzehnten zu Position, Aktivität und Wohlfühlen ausbreite, möchte ich dir zeigen, dass dies die Basis ist, mein Leben befreiend und glücklich zu gestalten. Ich nenne es nicht Konzept, es ist keine Philosophie und dieses Buch kein Ratgeber. Für mich geht es einzig und allein um die Struktur, die Menschsein ausmacht und die in jedem wirkt.

Der Zustand, in dem ich das Leben optimal verwirklicht sehe, ist das Wohlfühlen. Es entsteht für mich mit den Schritten: Position – Aktivität – Wohlfühlen.

- Position ist eine Vorstellung von einem Zustand, der in der Zukunft liegt. Diese bildet zu meinem aktuellen Selbst einen Unterschied, den ich in Form der Position formuliere.
- Aktivität ist die Umsetzung einer Position. Letztlich mit der Richtung, den Unterschied durch lernen, erfahren, begreifen und erkennen als Erweiterung meines Selbst zu nutzen.
- Wohlfühlen ist im Anschluss an die Aktivität das Erleben körpereigener Botenstoffe, die mich dann auch zu Wiederholungen einladen und mir so ermöglichen, immer wieder aktiv zu werden.

Diese drei Schritte beschreiben für mich einen Prozess, aus dem Lebensqualität entsteht. Der Prozess umfasst verschiedene Komponenten, die jeder Mensch in sich trägt und kennen sollte. Zu diesen Komponenten möchte ich hier zusammenfassend ein paar Dinge sagen, weil ich damit einen schönen Überblick geben kann, worum es mir geht. Im Einzelnen geht es dabei um diese Dinge:

Haltung – Neugier – Unterschied – Position – Entscheidung – Aktivität – Reflexion.

Für mich ist es immer wieder wichtig, mich daran zu erinnern, allein deshalb führe ich sie hier noch einmal auf:

Haltung ist schwierig, sie entsteht in den ersten Lebensjahren, also in der Zeit, in der wir alles in uns aufnehmen, ohne es zu hinterfragen. Unser Gehirn lernt ab der fünften Schwangerschaftswoche, der Höhepunkt liegt zwischen dem zweiten und dritten Lebensjahr. Danach orientiert sich Haltung an der Mitwelt, also den Menschen, die mich umgeben und die alle zusammen für mich »Kultur« ausmachen. Individuell sind das zuerst die Familie und andere nahe Bezugspersonen, dann Jugendgruppen, Schulklassen und die vielen anderen Gruppierungen.

Hier steckt ein Millionen Jahre altes Erbe in uns, das Menschen außerhalb einer Gruppe keine Überlebenschancen gab. Diese Gruppen waren meist zwischen 50 und 150 Menschen groß, was auch heute noch das innere Maximum ist, alle Individuen innerhalb einer Gruppe zu kennen. Anpassung oder Druck waren notwendig, um in der Gruppe zu überleben. Und Erkennungszeichen wie Uniformen und Symbole.

Doch jetzt gerade ändert sich etwas, denn die bisherigen Gruppen werden zu einer großen Menschheit. Damit lösen sich die Gruppen auf, und Menschen können so vielfältig sein, dass Individualität möglich und nötig ist, auch weil wir Menschen jetzt als Menschen erkennen anstatt als Mitglieder der großen Gruppen wie Religionen, Nationen, Ethnien oder Kulturen.

Solche neuen Haltungen entstehen mit den in diesem Buch beschriebenen Qualitäten: Selbstsein – Verbundensein – Kooperieren. Im Miteinander drückt es sich in »WinWinWin« aus: Tue Gutes für dich, für andere und für das Ganze.

Ich kann mich dafür entscheiden, eine Haltung zu verändern, immer wieder. Gehirne sind lebenslang flexibel. Enorm hat mir dabei immer auch die Frage geholfen: Wer bin ich? Weniger, um ein Bild von mir zu gestalten, sondern mehr, um zu erkennen, was im jeweiligen Moment meine Situation ist. Bin ich wütend, traurig, glücklich, frustriert? Ganz wichtig: Wahrnehmen ohne Bewertungen. Erkenne, wer du bist, und du lebst dein Leben, erkennst dann die Erwartungen und Manipulationen anderer sofort und bleibst im Agieren statt im Reagieren.

Wenn du als Leser dich jetzt fragst, was denn deine Haltung ist, vielleicht sogar die Antwort schon ahnst und etwas in dir spürst, dann entscheide dich, die Frage zu beantworten: Wer bin ich?

Eine der besten Übungen dazu ist: Schreibe 100 Dinge auf, die du an dir magst. Die ersten zehn gehen ganz leicht, danach heißt es: dranbleiben!

Neugier ist meine stärkste Kraft, immer da und zielsicher. Sie zeigt mir, was ich noch lernen und wie ich noch reifen kann. Lebenslang. Dafür zeigt sie mir einen Unterschied zu dem, was ich schon kenne. Sie lädt mich zur Lebendigkeit ein, genauso wie dich auch. Unser Motivationssystem unterstützt das, besser noch: Es fordert uns dazu auf. Neugier ist auch der Antrieb, um mit Komplexität klarzukommen. Sie fordert mich auf, die Vielfalt der

Dinge immer mehr zu erkennen, zu verstehen und daraus zu lernen. Damit schaffe ich mir Wahlmöglichkeiten für Entscheidungen, was ich wirklich möchte. Komplexität hört auf, kompliziert zu sein, und mein Leben wird klarer und freier – Unterschiede werden zur Bereicherung.

Und du? Schreibe Dinge auf, für die du dich interessiert, die du noch vorhast, und spüre tief nach – oft sind sie nur noch als Ahnung vorhanden.

Unterschiede sind Lebendigkeit. Sie haben den Drang, sich auszugleichen und dabei im Wechselwirken mit allem neue Unterschiede zu schaffen. Das ist im Universum genauso wie in den Atomen. In unseren Zellen, in den Kreisläufen des Körpers genauso wie im Kopf zwischen Neuem und Bekanntem. Deshalb ist Neugier die stärkste Kraft, Unterschiede zu kreieren. Dann kann ich das Geschehen erkennen, begreifen, verstehen, erfahren und wahrnehmen, also lernen. Es ist die Art, unser Selbst mit dem Neuen zu erweitern. Für uns Menschen kommt die Qualität dazu, mit dem Denken und daraus resultierenden Vorstellungen eigene Unterschiede zu generieren. Dafür nutzen wir Bewusstheit, und unser Organismus versucht, auch diese Unterschiede auszugleichen. So werden wir erfolgreich.

Unterschiede sind Bereicherungen, sie zeigen Möglichkeiten. Und gleichzeitig fordern sie uns heraus, sie sind neu, fremd und erzeugen Gefühle von Vorsicht und Angst bis hin zur Panik. Und doch nehmen wir diese Möglichkeiten als Chance wahr. Deshalb liefert unser Organismus auch einen Hormoncocktail, wenn wir einen neuen Partner kennenlernen. Diese Offenheit für Neues heißt dann Verliebtheit.

Auch hier die Einladung an dich, Unterschiede aufzuschreiben, also etwas Neues zu dem, was du schon kennst.

Position ist zunächst einmal genauso eine Art von Vorstellung wie die Negation. Diese Vorstellungen sind offen und flexibel, auch wenn mein Organismus sie wie überlebensnotwendig behandelt. Das ist nicht ungefährlich: Ich kenne dieses uralte Muster als Rechthaberei, die, wenn sie nicht als solche erkannt wird, der Hintergrund für Kampf und Vernichtung ist. Mit der Vernichtung ist die Ursache für den Unterschied auch ausgeglichen.

Positionen entstehen aus der Fähigkeit, mit dem Denken Vergangenheit, Gegenwart und Zukunft zu verbinden und damit Neues zu kreieren. So entsteht dann ein Unterschied zu Bekanntem, der Menschen auf Neues in zwei grundverschiedenen Richtungen reagieren lässt: Bei der einen Gruppe steht Neues für Möglichkeiten, bei der anderen für Befürchtungen. Ob ich in die eine oder in die andere Richtung tendiere, hat viel mit meiner Haltung zu tun, also damit, wie ich als Kind reifen konnte: optimistisch/aktiv oder pessimistisch/reaktiv. Ich persönlich mag Möglichkeiten, sie sind ein Gestaltungsraum, hier kann ich aktiv werden und Zukunft kreieren.

Unser Organismus verarbeitet Positionen als Richtung in deutlicher Unterscheidung zum Begriff des Ziels: die Entscheidung »für etwas« als Position. Die Entscheidung »gegen etwas« als Negation. Es ist ein deutlicher Unterschied im Hinblick auf das Gelingen, wie meine Entscheidung lautet: für Gesundheit oder gegen Krankheit. Für Leichtigkeit oder gegen Anstrengung. Für die saubere Lunge oder gegen das Rauchen. Unser Organismus kennt nur Positionen, Negationen lernen wir als Kinder. Auch ich, jedoch blieben sie meinem Organismus fremd und erfordern, wo immer ich auf sie treffe, stets innere Übersetzungen.

Es gibt sehr viele Möglichkeiten und Hilfsmittel, Vorstellungen als Positionen zu konkretisieren und zu fixieren. Ihnen Inhalt und Klarheit zu geben und dann daraus Zukunft zu gestalten. Jeder muss auch hier seinen eigenen Weg finden, doch ich kann natürlich sagen, wie ich es mache. Ich nutze beispielsweise Mindmaps, langes Gehen, Träumen, Notizen, Dialoge. Ganz wichtig: entstehende Aufgaben gleich erledigen oder zumindest Notizen dazu aufschreiben, damit der Kopf für anderes frei bleibt.

Wenn du magst, schreibe deine Positionen auf und erlebe, was geschieht.

Entscheidungen für eine Aktivität, für die Nutzung der Möglichkeiten sind die wirkliche Freiheit des Menschseins. Sie erzeugen auch die Vorfreude auf die Botenstoffe Dopamin, Oxytocin, Serotonin, die unsere Motivationsstoffe sind. Entscheidungen basieren auf der Möglichkeit, zwischen verschiedenen Vorstellungen zu wählen und diese auch verbinden zu können. Aus Entweder-oder wird Sowohl-als-auch, oder ich kann den Raum für Emergenz öffnen, also Platz schaffen, damit Neues auftauchen kann.

Es gibt aber auch Fallen. Da sind vor allem die eigenen Gewohnheiten, die unser Organismus sehr mag und braucht, die ihn aber auch von Entscheidungen abhalten. Und viel schwerwiegender noch – Zweifel an Entscheidungen, die sich in bohrenden inneren Fragen wie diesen äußern: Was sagen die anderen? Mögen sie mich noch? Geben sie mir die Anerkennung? Last, but not least, weil es gern übersehen wird: Manchmal schaffen wir uns erst gar keine Wahlmöglichkeiten, oft weil wir direkt in eine Opferhaltung hineingehen. Da heißt es dann: »Aber ich hatte ja gar keine Wahl!« Doch tatsächlich gibt es immer eine Wahl. Ich muss mich *nur* entscheiden.

Jetzt wird es für dich spannend. Schreibe Entscheidungen als Positionen auf, die du noch zu erledigen hast.

Aktivität: Die Richtung, in die meine Aktivität geht, entscheidet sich durch eine Position. Je deutlicher diese formuliert ist, desto schneller und besser erkenne ich die Richtung, in die ich gehen muss. »Richtungen« sind dabei als Begriff offener als die starren »Ziele«. Ich erlebe häufig, wie Ziele mit Scheuklappen und Ellenbogen erkämpft werden. Dabei werden sie dann zu Illusionen und jegliche Aktivität zum rein sinnlosen Kampf.

Mein Organismus unterstützt mich anders. Er nimmt zwar jede Sekunde 10 bis 15 Millionen Impulse wahr. Aus dieser enormen Wahrnehmungsfülle wird jedoch der größte Teil ausgeblendet, weil er keine Unterschiede erzeugt und damit auch keine Aktivität provoziert. Allerdings zeigt diese Zahl, dass im Außen immer alles da ist.

Bewusst werden mir von diesen Millionen nur höchstens 50 bis 60 Impulse. Mithilfe der Position in mir sorgt mein Organismus dann dafür, dass ich die dazu passenden Impulse wahrnehme. Ich sehe also ganz automatisch den Unterschied, der sich ausgleichen wird. Manchmal höre ich in diesem Sinne von anderen Menschen: »Als mir klar war, was ich wollte, begegneten mir die Dinge, die dies unterstützten.«

Mit der Entscheidung für diese Aktivitäten liefert mein Organismus die Motivationsstoffe dazu: Dopamin für Selbstsein, Oxytocin für Verbundensein, Serotonin für Kooperieren. Es entsteht ein Vorgeschmack für die Aktivität und Richtung. Gehe ich dann in diese Richtung, bin ich präsent, authentisch und offen. Wohlfühlen bedeutet, diese Stoffe zu spüren. Fehlen sie, entsteht Depression.

Auf Unterschiede, die von außen kommen, reagiere ich. Das können alle möglichen Vorgaben, Vorschriften, Anweisungen und dergleichen sein, genauso wie Gefahren. Der Antrieb zum Ausgleich ist dann Adrenalin. Wenn dieser Ausgleich geschafft ist, entsteht Noradrenalin, um Adrenalin zu reduzieren und in mir das gute »Erledigt!«-Gefühl zu erzeugen. Passiert das nicht, entsteht Stress. Wird dieser Stress zum Dauerzustand, verschlimmert er sich zum Burn-out.

Und du? Auch deine Positionen fordern Aktivitäten, für welche willst du dich entscheiden?

Reflexion wird ausgelöst durch Feedback von außen und ist wichtig, um das Selbstsein immer wieder zu prüfen. Die Falle, die ich dabei möglichst erkenne, besteht in einer Überreaktion auf Äußerlichkeiten. Das passiert leicht, da wir diese Verhaltensweise aus der Anpassung an das Rudel zum Überleben gewohnt sind. Oder es liegt an unbewussten Erwartungen und Manipulationen des Gegenübers, die auch abhängig von dessen Tages-verfassung sind. Das Gegenmittel ist, diese Versuche von außen zu erkennen, zu verstehen und dadurch ganz bei mir zu bleiben. Wichtig ist ehrliches Feedback, denn das löst Resonanz in mir aus, dabei spüre ich außerdem das Wohlwollen und das Selbstsein beim anderen. Das wird übrigens oft mit Übereinstimmung verwechselt, die aber nicht das Gleiche wie Selbstsein im Verbundensein ist.

Eine andere Variante der Reflexion ist das Spüren nach innen, in mein Selbstbewusstsein: Spüre ich Wohlfühlen, dann gab es Selbstsein, Verbundensein und Kooperieren. Und es entsteht Neugier, Neues zu probieren, Unterschiede zu kreieren. Ich habe dann auch die Energie, meine Positionen zu ändern, und spüre Scham in Bezug auf das, was wirklich durch mein Tun schieflief.

Wichtig ist hier die Abgrenzung zum Begriff der Schuld. Schuld wird immer von außen zugewiesen, während die Scham aus meinem Selbstsein entspringt und mir so die Möglichkeit zur Veränderung gibt.

Für den Alltag nutze ich vier Grundsätze, die aus der Erkenntnis entspringen, dass Zukunft die Zeit ist, in der ich gleich leben werde und die ich selbst durch die genannten Punkte von Haltung bis Reflexion gestalten kann:

- Ich frage mich: Wer bin ich? Mit dem Erkennen bin ich frei.
- Ich liebe, ändere oder lasse es. Das bringt Klarheit.
- Ich gestalte mein Leben mit Positionen. Dies gibt die Richtung.
- Ich tue Gutes für mich, für andere und für das Ganze. Damit entsteht Wohlfühlen.

Ganz wichtig ist auch dieser Grundsatz:

Spare die Energie, so zu sein, wie du glaubst, sein zu müssen. Glaube nichts, sondern prüfe selbst. Nur du, wirklich nur du spürst, was für dich gut ist, welcher Inhalt in deinem ganz persönlichen »WinWinWin« in dir Wohlfühlen auslöst.

Deshalb gilt auch für die hier beschriebenen Dinge: All dies sind nur meine Erfahrungen. Mach du deine eigenen. Und zwar, indem du durch Selbsterfahrung selbstbewusst bist und die Facetten dieses Selbstbewusstseins in die Selbstliebe integrierst, um mit diesem Selbstvertrauen selbstsicher in die Welt zu gehen und mit Tun in Selbstverantwortung selbstwirksam zu sein.

Über den Autor

Joachim Klöckner, geb. 1949, arbeitete erfolgreich im Bereich des Maschinenbaus, investierte in schnelle Autos und gewann zahlreiche Pokale als Rallyefahrer. Er war viele Jahre lang ein Durchschnittskonsument. Im Tschernobyl-Jahr 1986 beschloss er, etwas für die Zukunft zu tun, und begann als Energieberater zu arbeiten. Dabei entdeckte er die Lebensweise des Minimalismus für sich und reduzierte seinen Konsum und Hausstand. Heute besitzt er noch die Füllmenge eines Rucksacks. Er entschied sich für ein Leben frei von Konsumdruck und Überflüssigkeit, für Wohlfühlen und Zufriedenheit. Seine minimalistische Lebensführung ist für ihn kein Trend, sondern die Folge aus dem, was er in seinem Leben gelernt hat. Joachim Klöckner ist ein gefragter Redner und unterstützt Menschen in individuellen Veränderungsprozessen. Medien wie die Süddeutsche Zeitung und die TAZ berichteten über seine Person und Form der Lebensgestaltung.